JN187236

デビッド レッドベター

Aスウィング

THE A SWING

DAVID LEADBETTER

WITH RON KASPRISKE

ゴルフダイジェスト社

いつも私がベストを尽くせるように
奮い立たせてくれた、私の家族――
妻のケリーと子供たち、
アンディ、ハリー、そしてジェイムスに
この本を捧げます。

目次

序文——ミッシェル・ウィ

デビッド・レッドベターは、私が13歳の時からずっと、私のゴルフのコーチをしてくれています。練習で数え切れないほどのやり取りを重ね、たくさんのトーナメントを一緒に戦ったことを振り返ると、私たちが成し遂げたいちばんの成功は、目標達成への情熱を分かち合えたことではないかと思います。私のゴルフ人生では、時に、挫折やケガによって、練習したり、試合に出たりする意欲がそがれることもありました。皆さんも、ゴルフでイライラしたことがあると思います。ゴルフというゲームが、時々、すごく頭にくるものであることは、本当に、私にもわかります。でも、私たちは、そのイライラに負けてベストのプレーができなくなるよりは、ゴルフへの情熱のほうを大切にするようにしました。そのおかげで、２０１４年に、パインハーストでの全米（女子）オープンで、優勝することができたのだと思います。

勝ちたいと思っていましたから、特に最終日は、当然、緊張していました。でも、それ以外の感情もあったのですが、それが何かわかるでしょうか？　実は、すごく楽しかったのです。最終日の朝、目が覚めると、私はとにかくワクワクしていて、早く外に出てプレーしたくてしょうがありませんでした。自分にはできる、という自信もみなぎっていました。あまりに楽しかったので、試合が終わった直後には、もう次の週の試合が待ち切れない気持ちでした。すぐに練習したいとも思いました。今、私は練習場で課題に取り組みながら、ボールを打つことが好きでたまりません。ですから、私が皆さんに言えることは、もしゴルフで上手くいかなくて落ち込むことがあったら、その時は、またゴルフを好きになれるように、何かを変えてみる時なのです。

私が、こんなにもゴルフを楽しめるようになったのは、自分自身のスウィングを、より深く知ったからです。それによって、ショットも安定するようになりました。ドライバーは自信を持って打てますし、アイアンでもパーオンする確率が上がって、以前よりたくさんのバーディチャンスを作り出すことができます。なぜ、ショットが安定したかというと、私のスウィングが以前よりも効率的で、信頼性の高いものになったからです。無駄な動きはほとんどありません。私がいつも気をつけているのは、しっかりしたアドレスを作り、腕の動きは無駄なく、コンパクトにしながら、体を完全にねじってバックスウィングすることです。そうすることで、ダウンスウィングでは、体のすべての部分の動きをシンクロさせて、クラブを下ろせます。私がデビッドと一緒に、ずっと取り組んできた、こうした基本的なことは、「Aスウィング」のベースにもなっています。だからこそ、「Aスウィング」はとても効果があり、多くのゴルファーにとって魅力的な選択肢になるのだと思います。

私は、デビッドから、誰かとまったく同じスウィングを作ることはできないのだから、大切なのは、簡単に、何度でもナイスショットを打てるクラブの振り方を見つけることだと教わりました。私がまだ成長期だったころは、全体的なゴルフの内容をよくすることに懸命でした。私は、パワーには恵まれていたので、それがある程度は、ゴルフをやさしくしていた面もありました。でも、成長して、私の体型が自然に変わるのと同時に、私のスウィングも変わりました。怪我の影響で変わってしまった部分もありましたが、何よりも、私は考えすぎるようになっていました。私が完璧を求めれば求めるほど、ゴルフはどんどん難しくなっていきました。でも、今なら、ゴルフに完璧はないこともわかります。やるべきことは、必要な技術を身につけ、それを信頼して、練習して、あとは〝自分のやり方で〟プレーするだけです。

私がデビッドと一緒にやってきたことは、効率性と、自分自身のスウィングに対する理解がベースになっています。今では、何かが上手くいかなくなった時、自分のスウィングのどこを見ればいいのかわかるので、すぐに問題を修正することができます。これは信じてほしいのですが、スウィングの技術的なことをずっと考えながらプレーしたのでは、絶対にいいゴルフはできません。もっと、すべてをシンプルにすることが大切です。理想的なのは、ボールにアドレスしたら、目標に向かって真っすぐ飛ぶ、ナイスショットがイメージできる状態です。今の私のスウィングは、まさにこの状態です。もちろん、誰もがそうであるように、時々ミスショットも出ますが、それでスウィングが壊れてしまう不安は一切ありません。基本に集中して、ただプレーするだけです。それが、デビッドが教えてくれたことの本質なのです。彼はいつでも、プレーヤーが自信を持って、もっと楽しみながらプレーできる、シンプルな方法を探しているのです。

皆さんもご存知の通り、私のプロ生活には、いい時も悪い時もありました。ですが、デビッドと私は、決してあきらめることなく、ゲームの微調整を続け、そして、メジャーの最終ラウンドという〝審判〟をくぐり抜けることができました。そこまでの成功が、誰にでも訪れるわけではないかもしれません。でも、この本を読んで、デビッドのアドバイスにしたがい、「Aスウィング」に挑戦してみれば、きっとそれぞれのレベルに応じた成功を得られるでしょう。そうなれば、イライラは少なくなり、もっと簡単にコンスタントなプレーができるはずです。さあ、たくさんバーディを獲れるように頑張りましょう。

INTRODUCTION

「Aスウィング」を学ぶ前に。

私は、40年以上に渡り、様々なレベルのゴルファーに、レッスンをしてきました。レッスンしたゴルファーの成功する姿を見るのが、私の喜びであって、その相手が、メジャー優勝を目指すプレーヤーでも（私が指導してきたプレーヤーは、いままでにメジャーで21勝しています）、ただ100を切りたいというプレーヤーでも関係ありません。だから私は、これまでとは異なるスウィングのやり方を開発したのです。私はそれを「Aスウィング」と名づけました。これまでのやり方に〝とって代わる〟(alternative) スウィング(swing)、という意味です。「Aスウィング」は、しっかりとした科学的根拠に基づいています。一見すると、これまでの伝統的なスウィングとは異なり、理にかなっていないようにも見えますが、実は、これまでのやり方よりも、はるかに簡単に安定してショットを打てるスウィングなのです。私は、これまでの伝統的なスウィングのやり方では上達できずに、苦しんでいるゴルファーを見かねて、このスウィングを考え出しました。この後の章では、「Aスウィング」がなぜ機能するのか、どれだけ習得が簡単か、そして、なぜ安定的にいいプレーをするための手段になり得るのか、詳しく説明していきます。しかし、その前に、私がなぜ「Aスウィング」を考え出すにいたったか、もう少し説明させて下さい。

マスターするのがいちばん難しいスポーツはゴルフだと、私は思っています。一時的に上手くいく〝処方箋〟があったとしても、それは決して長く続きません。スムーズに楽々スウィングできて、ビシバシと芯に当たり、ショットが思い通りになる日があります。ところが、その翌日には、動きが定まらず、ぎこちなくなり、ボールはあちこちに飛ぶけれども、狙ったところには飛ばないということがあるのです。これが、ゴルフの不思議でもあり、魅力でもあります。次にどうなるか予想できないのです。これは、どんなレベルのゴルファーにも起こります。ゴルフというゲームの複雑さゆえに、安定した結果を残すのが難しいのです。特に、余暇にゴルフを楽しむレベルのゴルファーにとってはそうでしょう。なぜ、そんなに難しいのか？　なぜ、そんな、やるとストレスがたまるようなスポーツに熱中してしまうのか？　なぜ、やめることができないのか？　私が思うに、すべてが上手くいって、よどみないスウィングができた時に放たれる、あのナイスショットの感覚が、何にも代えがたいワクワク感を持っているからだと思います。ゴルフには、様々な困難がつきまといます。スウィングには一定の身体能力が必要ですし、強い心構えも必要。クラブの種類はめまいがするほど多く、天候も目まぐるしく変わります。コースごとに違うレイアウトや芝、それにライ、身につけるべきたくさんの種類のショット……。にもかかわらず、ゴルファーは時々、どうにかしてナイスショットを打ってしまうのです。そして、また同じことが起こってほしいと、ティアップするたびに願います。どうしてこんなに上手くいかないのか、自問することもあるでしょう。

ほとんどのゴルファーは、経験上、思い通りにボールを打てる期間が、すぐに終わってしまうことを知っています。その後に訪れるのは、上手くいかずにフラストレーションがたまる期間です。これこそ、ゴルファーにとって真の問題だと、私は思います。ほとんどの人は、ある時期、自分がいいショットを打てることを知っています。ですが、その時期が長く続かず、しかも何がよくないのかわからずに、イライラしてしまうのです。何とか修正しようとしても、多くの場合、よくないショットがさらに悪くなるだけです。仮に、どこに問題があるかわかっていたとしても、普通はそれを直すだけの時間がありません。プロはその点で恵まれていて、才能の問題はともかく、練習には、毎週、多くの時間を費やすことができます。年間だと、1000時間以上も、スウィング動作の繰り返しに使えるのです。プロ以外で、それほどの時間を使ってゴルフに打ち込める人は、ほとんどいないでしょう。そして、忘れてはいけないのが、アマチュアがもし、十分な時間を作れたとしても、その練習時間の大半は、最重要であるショートゲームに充てなければいけないということです。

あやしいレッスンや、スウィングのワンポイントアドバイス、あるいは、新しいクラブに替えたりすることで、そうした練習時間の不足を補える場合もあるでしょう。ですが、統計によれば、ほとんどの余暇レベルのゴルファーは、時間が無いために伝統的な方法でスウィングを完成できないがゆえ、上達できないことがわかっています。さらに悪いことに、上手くいかなくてイライラがつのったゴルファーほど、練習したりラウンドしたりという意欲が減ってしまいます。自分が好きなものに時間と努力、それにお金を投資して、見返りに散々なスコア以外、何も得られないフラストレーションは、どれほどのものでしょうか。だからこそ私は、もっと簡単なやり方で、それほど時間をかけずに、多くのゴルファーが結果を出せる、スウィングの方法が必要だと確信しています。

過去、何十年もの間に、ゴルフのレッスン方法や、レッスンに使われる器具は格段の進歩を遂げました。ハイスピードビデオカメラ、3次元解析ソフト、弾道計測器、心理トレーニング、ゴルフ関連の筋力トレーニング、パーソナルクラブフィッティング、調整機能付きクラブ、などがそれです。こうした新しい技術が導入されるたびに、ゴルフはやさしくなり、ゴルファーの技術水準が上がるだろうと期待されました。しかし現実には、技術水準は横ばいのままです。確かに、プロツアーや、トップアマ、ジュニア選手権のレベルでは、かつてないほどプレーのレベルは上がっています。ゴルフの歴史上、かつてないほど、今は一流のプレーヤーがあふれています。それでも、プレー人口の95%の人々にとっては、依然、ゴルフはとてつもなく難しいもののままなのです。それが、レッスンを受けて、本当に熱心に練習に取り組まない限り、クラブフェースを毎回スクェアに戻し、ボールをターゲットに飛ばすことができない理由です。しかも、時間を割いて取り組んだ人ですら、結果は保証されていないのです。

時間で結果が保証されないと聞くと、ハッとするかもしれませんが、このことは否定しようがありません。なぜ、ゴルフスウィングは、こんなにもマスターするのが難しいのでしょうか？　理由はいくつもありますが、その中でも最大のものは、ほとんど静止した状態からスタートし、非常に大きなバックスウィングをとって、止まったボールを打つ必要があることです。なぜそれが、テニスや野球、ホッケーのように、動いているものを打たなければならない、他のスポーツより難しいのでしょうか？　ひとつには、他のスポーツでは、失敗が許される範囲が、はるかに大きいことが挙げられます。テニスでは、サーブでネットを越えるのに、必ず2回のチャンスがあります。野球で、バッターがヒットを打つまでに、何回、空振りやファウルをすることができるでしょうか。ゴルフで、打球がもし「ファウル」だったなら、結果はもっと深刻です。また、ゴルフをさらに難しくしているのが、まだスウィングすらしないうちからの、緊張と考えすぎです。バットやラケット、ホッケースティックなどの場合は、動くものに反射的に反応して打つので、動き出しはリズミカルで、ゴルフに比べ、バックスウィングは短く、複雑でないのが普通です。不安や、ネガティブな思考、技術的なことをいくつも考えている時間的余裕もありません。元々備わっている運動能力が、動きを主導するのです。ところが、ゴルフの場合、状況や技術について考える時間がありすぎます。ボールはただそこでじっとしていて、こちらが何か反応する必要はありません。そうしているうちに、直感や本能といったものよりも、意識的な思考が優位になっていき、ナイスショットの確率が下がってしまうのです。

この事と、他にも無数にあるゴルフが難しい理由から、もっとシンプルで効率のいい、スウィングのやり方を考え出すことが大切だと、強く感じました。しかも、そのスウィングは繰り返しやすく、一度マスターしたら、あまり考えすぎずにやれるものでなければなりません。よどみなくスウィングできるやり方というのは、私が「イージーパワー」と呼んでいる、スウィングのエネルギーを生み出しやすく、また、それと同じくらい重要なこととして、ボールをより正確に打つことができるようになるものなのです。あらゆるレベルのゴルファーで実証テストを行い、ショットの安定性が劇的に向上するのを見てからは、「Aスウィング」というのは、実際は“Accuracy Swing”（正確なスウィング）の略なのかもしれないと思いました。「Aスウィング」によって、ナチュラルな運動能力を上手く利用することができるようになり、他の球技と同じように、簡単にプレーすることが可能になるのです。

私は、いいスウィングも、そうでないスウィングもたくさん見てきました。真っすぐ飛ばせるスウィングが、必ずしも見た目に美しいかというと、そんなことはありません。私が長年コーチをしている、アーニー・エルスは、優美なリズムで、美しくクラブを振ります。その動きは、詩的ですらあります。しかし、そのアーニーのスウィングと、効率のよさの点で引けをとらないのが、型破りなジム・フューリックのスウィングです（面白いことに、彼のスウィングは『Aスウィング』と似ているところがあります）。ジムもまた、アーニーと同じように、コンスタントにクラブフェースの芯でボールをとらえることができるのです。いずれも成功している彼らを見れば、繰り返し行うことのできる、いいスウィングとは何なのか、見た目では判断がつかないこともあるのがわかります。安定して正確にボールをとらえられるということは、体の一部分から次の部分へ、順序よく効率的にエネルギーが伝達されているということです。エネルギーは、下半身から肩に伝わり、そこから腕、手と伝わって、最終的に力強くクラブヘッドをリリースします。スウィング中に何が起きているか、浮き彫りにしてくれたのは、バイオメカニクスという科学の力でした。次の章では、私の長年の協力者であり、運動科学の世界的権威のひとりで、「バイオメカスウィング」の生みの親でもある、J・J・リベットが「Aスウィング」の裏側にある科学について説明してくれます。彼の分析結果が示しているのは、「Aスウィング」によって、多くのゴルファーが、従来のやり方よりも、シンプルに、効率よく、繰り返し同じスウィングができるようになるということです。これは、特に余暇レベルのゴルファーに当てはまります。

また、「Aスウィング」がなぜ有効か示すのには、私のよき友人で、「The Fluid Motion Factor」（fluid: 滑らかな、流れるような）の著者である、スティーブン・イェーリンにも、彼の専門知識を借りました。彼は、脳の特定の箇所に働きかけて、どんなスポーツにおいても、最大パフォーマンスを発揮するやり方を、生徒に教えています。スティーブンに「Aスウィング」を評価してもらったところ、「Aスウィング」は、「最小労力の法則」という、自然界では当たり前の法則に密接に結びついているので、効果が高いのだということでした。自然界では、ある目的に対して、できる限り最小の動作（労力）で達成しようとするのが常であり、「Aスウィング」も同じ原理に則っているということです。

名手と呼ばれる人は、その全盛期のプレーにおいて、ものすごく効率のいい動きをしています。例えば、フレッド・カプルスやアーニー・エルス、ローリー・マキロイのスウィングに誰もが驚くのは、まるで力を入れていないように見えるのに、ものすごいパワーを生み出すからです。同じことは、アイスホッケーの伝説的プレーヤー、ウェイン・グレツキーにも言えます。彼のスケーティングは、どんな時でも〝滑っている感〟がありました。彼は身長が低かったために、人よりも効率的に動く必要がありました。そこで、パックがあるところにではなく、パックが動く先に滑るという技術を身につけたのです。イェーリンはまた、2006年に、ニューヨークタイムズ誌に掲載された、「宗教的体験としてのロジャー・フェデラー」という、非常に面白い記事を教えてくれました。この中で、記事の著者は、「フェデラーのプレーは、完璧な動きの見本を見ているようだ。彼は必ずいるべきところにいて、それでいて急いでいる様子がまるでないのだ。彼は最小と思える力で、驚くほどのラケットスピードを生み出しているのである」と言っています。「トップアスリートとは、最小労力の法則を具現化している者のことだ」と、イェーリンは言っています。また、『Aスウィング』の背後にある原理は、アスリート、あるいは自然そのものが求めるミニマリズム構造に等しい」とも言っています。本書では、「Aスウィング」が、いかに動きを無駄なく、効率的にし、その結果として、力を使わないでパワーと正確性を生み出すか、について説明していこうと思います。

私は、「Aスウィング」を、いいプレーをするためのツール、あるいは「スタイル」と考えてほしいと思っています。「Aスウィング」は決して、厳密なスウィングメソッドではなく、習得や実践にある程度の自由度を持っています。それに、ことゴルフのレッスンに関して、私は「メソッド」という言葉を使うのが好きではありません。「メソッド」というと、クラブを効率的に振る方法が、たったひとつしかないような感じがしますが、アーニー・エルスとジム・フューリックの例が示すように、「方法がひとつ」ということはあり得ないのです。しかし、安定したショットを生み出すスウィングには、ひとつの共通点があります。それは、動きがシンクロ（同調）しているという点です。「シンクロしている」というのは、体、腕、手、クラブの動きに協調性があるということで、つまり、それぞれが正しい順番で、正しいタイミングで動くということです。もし、体の回転と、腕やクラブを振る動きをシンクロさせられれば、ナイスショットの確率が上がるだけでなく、ミスショットの「質」も上がります。スコアアップのためには、どちらも同じくらい大切なことです。トッププレーヤーでさえ、ミスショットの原因の大半は、動きのシンクロの乱れにあります。シンクロは、「Aスウィング」のエッセンスです。「Aスウィング」がなぜ多くのゴルファーに効果があるかと言えば、「Aスウィング」が、かつてないほど、ゴルファーの動きのシンクロをうながすものだからです。

まず最初に伝えておきたいことは、「Aスウィング」の〝A〟が〝Alternative〟を表している（つまり、これまでのスウィングに代わるもの）とはいえ、「Aスウィング」を部分的に活用しているプレーヤーはたくさんいるということです。それに、「Aスウィング」に取り組む中で、自分のスウィングをビデオに撮ってみるとわかりますが、いわゆる伝統的なスウィングと、それほど大きく違って見えるというわけでもありません。私自身、長年、従来の方法でスウィングを教えてきましたが、「Aスウィング」のヒントは、その中にこそあったのであり、私が自分のルーツから大きく横道にそれたということではないと、断言できます。

リサーチと実証テストに基づいて生み出された、この「Aスウィング」とは何かと言えば、これまで私が正しいと信じ、長年教えてきたことの、ただの進化形なのです。また、強調しておきたいのは、誰に対しても、完全な形の「Aスウィング」をすすめるわけではないということです。「Aスウィング」は、一部の要素を採り入れるだけでも、ほとんどのプレーヤーに効果が出ます。もし、従来のクラブの振り方で、十分な結果を得られていて、動きがいつもシンクロしているというのであれば、あるいは、アダム・スコットのような才能や、タイガー・ウッズのようなパワーに恵まれて、いつも安定したショットが打てるという幸運な人ならば、おそらく「Aスウィング」は必要ありません——それでも本書には一読の価値はありますよ！　ほとんどのゴルファーにとって、「Aスウィング」は非常に大きな効果があるのですが、このセクションの最後で、「Aスウィング」によって最大の恩恵を受けるであろう、ゴルファーのタイプを紹介しておきました。

では、「Aスウィング」は、他の理論と何が違うのでしょうか？　決定的な差異は、そのバックスウィングにあります。ゴルファーもインストラクターも、ダウンスウィングの動きをよくしたいのですが、そのために、かなりの時間を割いて、バックスウィングの動きを練習したり、修正したりしています。もし、今、世界中で行われているゴルフレッスンの内容をこっそり聞いたとしたら、グリップやポスチャー、アライメント、ボールポジションといった、セットアップに関するレッスンが10％、ダウンスウィングやインパクト、フィニッシュを中心としたレッスンが10％、残りの大半、80％ものレッスンが、バックスウィングに関するものでしょう。いいダウンスウィングのために不可欠だと誰もが認識しているバックスウィングこそ、ゴルファーが最も苦労しているスウィング箇所だということが、このことからもわかるのではないでしょうか。いつの時代も、ゴルファーを悩ませ、ほとんどのレッスンのベースとなり、いちばん多く修正を加えられているのが、バックスウィングなのです。そうであるならば、従来のバックスウィングのやり方は、ほとんどのゴルファーにとって複雑すぎてマスターしづらいもので、それによってプレーの質がよくならないのではないか、という仮説が成り立ちます。「Aスウィング」は、その部分の複雑さを一掃し、スウィングで最も大切なダウンスウィングを、はるかにやりやすくしているのです。

私がなぜ、「Aスウィング」を考え出したのか、「Aスウィング」はゴルファーにとってどんな効果があるのかということについては、理解していただけたと思います。ここからは、私が「どうやって」「Aスウィング」を作り上げたかということについて、少しだけお話しします。「Aスウィング」の成立には、複数のメジャーに優勝し、世界ナンバー1プレーヤーにもなった、サー・ニック・ファルドとニック・プライス、そしてその他の男女のトッププレーヤーとともに、私が長年取り組んできた内容が、深く関わっています。野球やテニスといったスポーツにおける、トップアスリートの動きも研究して、知識を得ました。また、生理学や運動力学の専門家の協力も得ました。「Aスウィング」の根底にある原理は、どうしたらバックスウィングの動きをもっとシンプルにし、胴体の力をより効率的に使って、いいダウンスウィングに導けるかということです。バックスウィングで複雑な動きをすると、ダウンスウィングで、せっかく体がいい動きをしても、腕や手の力を使いすぎたり、それに頼りすぎたりする結果になります。これは、アベレージゴルファーが、常に抱えている問題で、スウィングのパワーや正確性、安定性を損なう原因となっています。こうした、ゴルファーの悪いクセは、どうやってもなくなることがないように思えます。私のアカデミーが、ビジネスとして世界中で成功を収めているのは、ある意味、この悪いクセのおかげなのですが、それならば、レッドベターが〝飯のタネ〟を失うような特効薬を開発するわけがないと思う方もいるでしょう。まあ、冗談はさておき、私は長年、簡単に理解できて、練習も必要最小限で済み、あらゆる技術レベルのゴルファーに最大限の効果をもたらす方法を考え出すことを目標にやってきました。一生懸命練習しなくても上手くなれる、というのが、私のモットーなのです。

この後の章では、「Aスウィング」はなぜ効果があるのか、その核心に迫っていきます。今の段階では、「Aスウィング」はとても簡単で、たとえゴルフの初心者であっても、ナイスショットが可能になる方法、とだけ理解しておいてください。「Aスウィング」を習得する過程で、完全にはマスターしていなくても、部分的に採り入れただけで、ショットの安定度は向上します。やり方については、わかりやすく説明してありますので、それにしたがってやればやるほど、スウィングはよくなり、ショットも安定していくでしょう。どうか、心をオープンな状態にして、「Aスウィング」に取り組んで下さい。特に、これまでレッスンをたくさん受けて、従来のスウィングをよく知っている人ほど、そうしてほしいのです。いくつかの点で、「Aスウィング」は、これまで知っている、あるいは教わったゴルフスウィングとは、直感的に相容れない部分があります。もちろん、ドライバーが今よりパワフルになり、アイアンの切れ味が今より鋭くなることを実感すれば、それも気にならなくなるとは思います。ゴルファーの大半はスライサーですが、その場合も、「Ａスウィング」で、あまりにも簡単にスライスが直り、それどころか反対方向にボールを曲げられるようになることに驚くはずです。また、スウィングの仕組みについての理解が深まるため、自分で自分のスウィングの問題に気づき、修正できるようになります。それは、おそらくゴルファーにとって初めての経験でしょう。

もしかしたら、「Ａスウィング」が効果を発揮するのは、ハンディキャップの多い人だけだと思っているかもしれませんが、そうではありません。私は、ビギナーからツアープロまで、ありとあらゆる技術レベルのゴルファーに対して、「Ａスウィング」の実証テストを行いましたが、総じて、その効果は絶大でした。ここで、テストに協力してくれた人たちの中から、何人かの証言を紹介します。ひとり目は、ハリウッドで活躍するコメディアン、ジャッキー・フリンです。ジャッキーは、「メリーに首ったけ」をはじめ、数々の映画に出演しています。彼はゴルフ好きで、なかなかの腕前ですが、ここ数年は調子が悪かったようです。彼に「Ａスウィング」を教えてから、ほんの数カ月で、彼は私に電話をしてきて、ハンディキャップが一気に縮まったことを知らせてくれました（2・7にまで縮まったとのことです）。彼は明らかに興奮した声で、「こんなすごいことは初めてだよ。ドライバーの球筋がいきなりドローになって、飛距離が20ヤードも伸びたんだ。アイアンだって2番手は飛んでるよ」と言っていました。さらに素晴らしいことに、今はライバルに連戦連勝ということでした。

もうひとりは、私の古い友人である、デニス・ワトソンです。デニスは長年、ＰＧＡツアーで活躍し、ワールドシリーズオブゴルフを含む3勝を挙げ、シニアツアーでは２００７年に全米シニアプロゴルフ選手権に勝ち、メジャーチャンピオンになっています。彼は希代のショットメーカーで、プロ生活の間、ずっと苦しめられ続けたケガさえなければ、きっとレギュラーツアーでもメジャーに勝っていたでしょう。実際、1985年の全米オープンでは、2位になっています。彼とはよく話をしますし、スウィングに関する彼の意見を、私はとても尊重しています。デニスは、率直な物言いで知られる人物ですが、その彼が最近、「Aスウィング」はとてもよくできていて、理にかなっていると言ってくれて、「どうして、もっと早いうちに教えてくれなかったんだ」と、嘆いていました。すまないね、デニス。

このように、ウィークエンドゴルファーから、ゴルファーに至るまで、本当に優れたゴルファーに至るまで、誰にでも効果があるのが、「Aスウィング」です。また、従来のスウィングのやり方をマスターしようとするのに比べて、はるかに短い時間で習得できるので、時間がないことが理由でゴルフを始められない人、あるいはゴルフをやめようとしている人を、なくすことができるかもしれません。これをきっかけに、特にインストラクターの人たちには、ゴルフをどう教えたらいいか、考えてほしいと思います。伝統には敬意を払いつつも、ゴルフはもっと簡単で、プレーしやすいものに変わるべき時に来ています。何らかのパラダイムシフトが必要なのです。定年を迎えたベビーブーマー世代や、若い世代のプロたちが、ゴルフがあまりに難しく、上達・成功の見込みがないことから、本格的にゴルフの世界に足を踏み入れられずにいます。今、ゴルフをしている人の中にも、ずっと上手くいかずに苦しんでいて、ゴルフの楽しさが薄れ、その結果、徐々にプレー回数が減っている人もいます。高齢のゴルファーは、飛距離だけでなく、ショットの安定性も落ちてしまい、イライラしたり、落ち込んだりしている人が多いのではないでしょうか。「Aスウィング」は、こうした多くの人々が求める〝答え〟や〝救済〟となり得ます。ゴルファーというものは、上達や成功のきざしが見えると、練習やラウンドに行こうという意欲が増すものです。結局、ゴルフはそれがすべてではないでしょうか？

簡単に言えば、ゴルフにイライラがつのっている人や、自分はもっと上達できるはずだと思っている人、やれることは全部やりつくして疲れ果てている人にとって、「Ａスウィング」は試すべき価値のあるものです。どうか、私を信じて下さい。必ず効果は出ます。私はぜひ、自分の生徒に、「『Ａスウィング』で、Ａゲーム（ベストのプレー）ができそうだね」と言いたいのです。

「Ａスウィング」を学びやすくするために、本書には詳細な解説と、２００を超えるイラストが含まれています。「Ａスウィング」の動きを表現している場合、イラストが赤いシャツを着たゴルファーになっています。間違った動きや、「Ａスウィング」ではないやり方を表現している場合は、ひと目でわかるように、イラストが黒いシャツを着たゴルファーになっています。よくある間違いをまず指摘して、「Ａスウィング」を使ってそれを修正する方法を示しました。また、たくさんのヒントや、練習ドリルのほか、動きの感覚をつかんだり、イメージとして頭に思い浮かべられるような内容を盛り込んでいます。これにより、習得のスピードはかなり早くなるはずです。さらに、技術解説に関する章のセクションの終わりに、「金言」コーナーを設けました。これは、そのセクションで説明した、重要事項をまとめ、簡単に閲覧できるようにしたものです。「腕とクラブの動き」の章では、「Ａスウィング」が従来のスウィングとはっきり異なる点について説明していますが（特にバックスウィング）、ここには「ＦＡＱ」（よくある質問）のコーナーを設けました。質問は、「Ａスウィング」の実証テストに協力してくれた生徒から、実際に私が聞かれたことをベースにしています。これらを全部まとめると、「Ａスウィング」習得のための、完璧な「ツールボックス」が出来上がります。本書の解説はすべて、右打ちのゴルファーを想定してますので、その点は注意して下さい。左打ちの読者には不便で申し訳ありませんが、説明をシンプルにしたかったので、そうしてあります。おそらく、必要に応じて、左右を変換してレッスン書を読むことには、慣れているのではないかと思います。

そして、もうひとつ、とっておきがあります。実は「Aスウィング」のいちばんいいところは、あえて本書の最後に回してあります。それが、簡単に「Aスウィング」の練習ができる「7分間練習プラン」です。第7章に解説してあるプログラムを、1日にたった7分間、週に2、3回やるだけで「Aスウィング」の動きやフィーリングが身につき、それを維持することができます。何時間もの練習が必要な従来のやり方に比べて、はるかに魅力的だと思います。簡単で効果抜群の練習法は、どれも室内でボールを打たずに行えます。プログラムの目的は、いいスウィングを繰り返し行うのがどういう感覚なのか理解し、それを筋肉に覚えさせることです。どんなに時間に余裕がない人でも、週に数回、1回7分の練習時間なら作れるはずです。さらに、おまけとして、簡単かつ機能的で、時間もそれほどかからない、「Aスウィング」のためのフィットネスプログラムも用意しました。手軽にできて、総合的な筋力と可動性のアップに非常に効果があります。このプログラムは、私のアカデミーで「レッドベターパフォーマンスプログラム」の責任者を務める、マスタートレーナーのトレバー・アンダーソンが監修しています。ある程度定期的に、このフィットネスプログラムに取り組めば、さらにいいプレーができるようになるでしょう。筋力が強くて、柔軟性の高い体は、痛みやこりとは無縁ですから、誰もが手に入れたいはずではないでしょうか？

「Aスウィング」を紹介できることに私は興奮を禁じ得ません。「Aスウィング」は教えるのも習うのも簡単で、しかも科学に裏打ちされた方法です。これまで「Aスウィング」を試したゴルファーはスウィングが劇的に変わり、しかも、ほとんどの場合、その効果はすぐに表れました。私は、生涯、このゴルフと言う素晴らしいゲームのインストラクターでいようと心に決めていますが、私のいちばんうれしい瞬間は、ナイスショットを打った後に、生徒の顔がパッと明るくなった時です。「Aスウィング」は読者の方にも、きっと同じ効果をもたらすでしょう。上達の道のりを私と一緒に歩んでくださることを期待しています。

——デビッド・レッドベター

「Aスウィング」が最適なゴルファーは？

私は、「Aスウィング」が万人に受け入れられ、どんなゴルファーにもフィットするものだというような、甘い考えは持っていません。先に述べたように、動きが上手くシンクロしていて、クラブフェースの芯で安定的に正確なショットが打てるスウィングを、すでに身につけているとしたら、それをわざわざ変える必要があるでしょうか？　言い古された表現ですが、「壊れてないものを修理するな」（触らぬ神にたたりなし）ということです。ただし、多くのゴルファーにとって、「Aスウィング」は待望の新オプションとなるでしょう。そこで、「Aスウィング」によって最も恩恵を受けるであろうゴルファーのリストを、左に記します。

- ビギナー
- スライサー
- どれだけ右を向いて構えても、目標より左にボールが飛んでしまう人
- 柔軟性とパワーが落ちてしまったシニアゴルファー

「スウィングが早い」とか、「ぎくしゃくしている」と言われ続けている人

女性で、バックスウィングがゆるんで大きくなりすぎ、結果としてパワー不足とオーバースウィングになっている人

ジュニアゴルファーで、体の動きが速く、腕と上半身の動きがシンクロしていない人

古いスウィングのクセがどうしても抜けない人

上手いが、長いクラブでショットが安定しない人

ティショットが安定しない人

アイアンが芯に当たらずに、正確性に問題を抱えている人

スウィングをあれこれいじるのが好きで、何か新しいものにトライしたい人

自分のゴルフに不満があるが、その問題解決に取り組む時間がない人

THE A SWING
by David Leadbetter with Ron Kaspriske
Copyright @ 2015 by David Leadbetter
Japanese translation published by arrangement with
St. Martin's Press LLC through The English Agency
(Japan)Ltd.
All rights reserved.

「Aスウィング」はなぜ有効なのか?
一科学者 J.J. リベットの分析

Chapter 1
WHY THE A SWING WORKS
A SCIENTIFIC ANALYSIS

スポーツにおけるバイオメカニクスとは、特定の動作や熟練の技術（あるいはその両方）を行っている間に、筋肉や関節、骨格がいかに動くかを定量化（可視化）するものと言うことができる。J.J. リベットは、アスリートの運動中の体の動きに関する世界的権威のひとりで、特にゴルフのスウィングに精通している。彼が得意としているのは、非効率的な動きを指摘し、求められる動作に近づくための解決策を導き出すことだ。１９８５年から、彼はこのテーマについて、フランスのエクス・マルセイユ大学やモンペリエ大学をはじめとする、多くの大学で講義を行ってきた。また、J.J. は欧州ＰＧＡツアーの元コンサルタントでもある。現在、彼はフランスで、「バイオメカスウィング」を独自に研究している。この章は、「Aスウィング」に関する、彼の分析の結果である。

１９９８年に私はデビッド・レッドベターに、フロリダにある彼のアカデミーに招かれました。目的は、ゴルフのスウィング中の体の動きについて、彼自身がもっと理解を深めるためでした。スウィングのメカニズムに関する彼の知識と、私の応用バイオメカニクスの知識の出会いは、ゴルフのプレーに必要な筋骨格の動作システムに関する壮大なディスカッションに発展しました。その最初の出会いの時から、私たちは共同で研究するパートナーとなり、効率的でリピータブルなスウィングに必要なことのすべてを知ろうと、実に４０００人以上のゴルファーのスウィングを分析してきました。デビッドは、これらの分析結果から、ひとつの結論を得ました。それは、伝統的な手法で教えられているスウィングのやり方以外に、もっと簡単な方法があるはずだということでした。毎週、プロツアーで観るような、典型的なゴルフスウィングはナイスショットを打つ手段として優れています。ただし、このスウィングは身につけるのが難しい。少しでもゴルフに真剣に取り組んだ人なら、みんなわかっていることです。デビッドが「Ａスウィング」を作り上げた理由がそこにあります。彼は、私たちが行ったリサーチを基に、これまでとはまったく異なるスウィングの仕方を開発しました。繰り返しナイスショットが打て、しかも、何年も練習を続ける必要のないやり方です。

私がこう断言できるのは私が「Ａスウィング」を詳細に分析したからです。デビッドは科学的見地から、「Ａスウィング」の動きを評価し、旧来の方法論のスウィングと結果を比較することを私に求めました。ジャスティン・ローズやローリー・マキロイ、ミッシェル・ウィのような、パワフルでダイナミックだけれども、真似するのは難しいツアープロのスウィングを思い浮かべてください。デビッドは、「Ａスウィング」の有効性を示すために、高いレベルの精密なテストでそれを証明する必要があると主張し、実際、実証することができたのです。ツアープロは、その才能と技術、長時間の練習によって、安定してクラブを素早く、スクェアにスウィングするという離れ業をやってのけることができます。私のテストでわかったことは、「Ａスウィング」を同じアスリートが用いた場合、通常よりはるかに少ないエネルギーと動きで、同等の成果を得られるということでした。私の用いたデータは、この章の最後に記してあります。

ナイスショットを繰り返し打つためには、たくさんのキーがあります。それは例えば、プレーヤーの持って生まれたアスリートの資質であり、高い集中力や使用する用具、それにその人が克服したであろう身体的な弱点です。しかし、バイオメカニクスの観点から言えば、ナイスショットを打つことは、体の動きを通じて、クラブの動的なエネルギーをコントロールするということに尽きます。そのために体は安定していて、バランスが保たれ、動きは流動的で各部が連動していなければなりません。私の分析によれば、「Aスウィング」は、これらの要素を旧来の方法よりも簡単に身につけることができるのです。

私が「Aスウィング」を分析して気づいた重要な事実は、「Aスウィング」はピボット（旋回＝体の回転運動）と腕とクラブの動き（振ること、スウィング動作）の「調和」を助けるものだということです。ちなみに、ここで言う「調和」のことを、デビッドは「シンクロナイズ」と呼んでいます。クラブを振るということについて、多くのアマチュアは非常に大きな間違いを犯しています。例えば、上手いゴルファーは、ダウンスウィングの動きの連鎖を、下半身からスタートさせます。それにより、足が地面に押し付けられ、腰がターゲット方向に回転します。その後、上半身のねじれがほどけていき、クラブヘッドが腕に引き連れられて、インパクトゾーンではものすごいエネルギーが、ボールに向かって加えられます。ところが、アマチュアの場合は、この順番が逆になることが多いのです。腕とクラブが最初に動き出し、体幹やその他の部分がそれに続きます。これが、上手く当たらない原因です。私が「Aスウィング」を採用したアマチュアを分析して驚いたのは、スウィングの連鎖と、動きのシンクロナイズが、あたかも何年も正しい動きを続けてきたかのように改善することでした。

おそらく、「Aスウィング」は効率性において、最大の利点があります。「Aスウィング」は、最小限の動きで、トップまでバックスウィングを行うことができ、正しいダウンスウィングの準備を整えてくれます。その際、パワーの蓄積を制限することがなく、力強いインパクトも実現できます。私のテストでは、「Aスウィング」は、より少ないエネルギーと体の動きで、旧来のスウィングと同等の飛距離を出せることがわかっています。体の回転と、腕とクラブのスウィングが、よりシンプルかつ少ない力で行えるというだけで、ショットの安定性がどれだけ高まるか、想像してみてください。

これらすべてを考え合わせると、「Aスウィング」があらゆる技術レベルのゴルファーのスウィン

調和／シンクロナイズ（Synchronize）の日本語訳は「同時に動かす」「時間的に一致させる」こと。日本語版「Aスウィング」では、手・腕の動きと体の回転運動を一致させるという意味で「調和」と訳した。

グを改善できる可能性について、デビッドと私が非常に興奮している理由も、わかってもらえると思います。この本でデビッドが説明する、「7分間練習プラン」を使って「Aスウィング」を練習すれば、より正しいメカニズム、かつ、より簡単で繰り返し可能なスウィングが身につきます。今よりフットワークが改善し、バランスがよくなります。また、バックスウィングでのねじれが強くなり、ダウンスウィングではターゲットに向かってよりパワフルに体をターンさせることができます。これらはすべて、ダウンスウィングでクラブがターゲットラインよりもインサイドから下りる、正しい軌道を通ることに起因しています。これにより、安定してナイスショットを打てる確率が格段に高まるのです。

読者の多くは、私が行ったテストの詳細より、「Aスウィング」の概要だけが必要だと思いますが、興味のある方のために、「Aスウィング」がなぜ有効なのか、説明しておきたいと思います。

「Aスウィング」のメリット

どんな動きでも、繰り返し正しく行うために必要なのは、求められる動きを単純化することです。ヘリコプターを例にしましょう。最大で1分間に５００回転にもなるプロペラの回転が、同じ動きでつつがなく起こらなければ、ヘリコプターは墜落します。エンジニアはそれをよく理解しているので、プロペラがハブと呼ばれる、不動の軸を中心に回転するように設計します。この動かないポイントがあることで、プロペラは同じ軌道を安定して回るというわけです。言い換えると、不動の軸はプロペラの効率的な動きに対して、驚くほどの安定性を与えていると言えます。このヘリコプターのプロペラの動きと、ゴルフスウィングにおける体の動きや、腕とクラブのスウィングが、まったく同じというわけではありませんが、類似点はたくさんあります。体が不動の軸（ハブ）で、腕とクラブがプロペラ、というふうに思い浮かべてみてください。効率性の高いプロペラの動きのように、「Aスウィング」は無駄な動きをなくします。それが、体を中心にして腕とクラブを振ることをシンプルにし、ショットのたびに芯に当たるようになるのです。

腕と体がシンクロした無駄のないバックスウィング

「Aスウィング」では、トップに到るまでにより短く、直線的なルートでクラブが動く

伝統的なスウィングのトップ

「Aスウィング」のトップ

私が、旧来のスウィングと比較して、「Aスウィング」を分析した結果、以下のことがわかりました。

- 安定した下半身に対して上半身を正しくねじるのに必要なエネルギーが30％少なくてすむ——地面からの力をより強く使える。
- 下半身（固定軸）を中心とした回転が改善され、より強く体幹の力を使える。

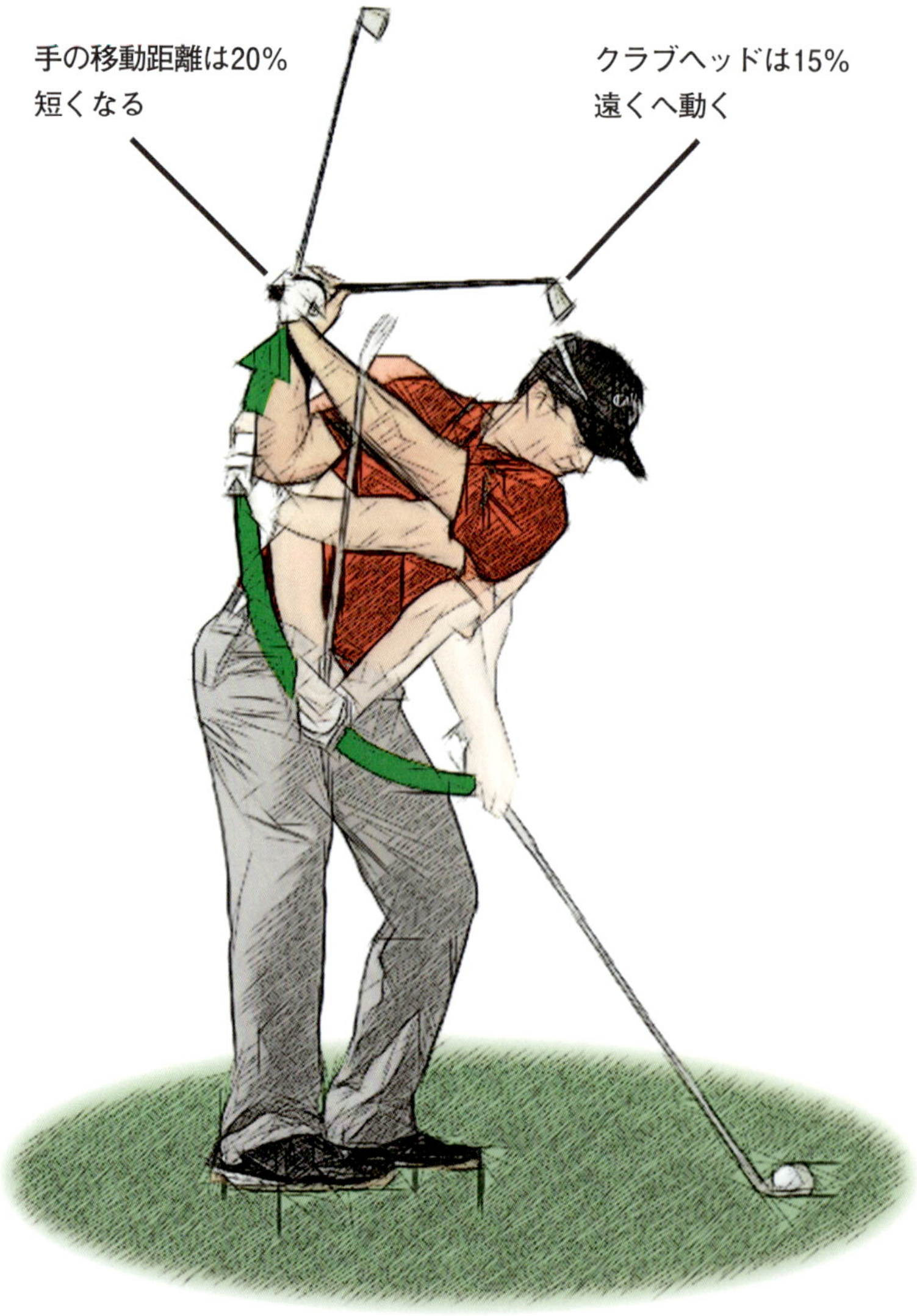

テストした生徒のグリップエンドにおける手の動きは、平均で20%移動距離が短くなっている反面、手首のコックが深くなることで、ヘッドは15%遠くまで上がった

「Aスウィング」のメリット

腕とクラブに伝わる
エネルギーが増える
肩の回転が
10%増える
パワーを生み
出すためのエ
ネルギーが
30%少なくて
すむ
アドレスと
インパクト
での腰と肩
の回転差が
25%増える
重心の移動が
15%少なくなる

アベレージゴルファーは、「Aスウィング」によって、より少ない力で、より大きなねじれの力を得ることができる。体と、腕やクラブとの連動性が高まり、バランスが向上し、ミート率もアップする。フェースの芯に近いところでヒットできるために、飛距離も伸びる

● 体を中心としたクラブの動きがより安定し、芯に当てるためにインパクト直前で修正動作を行う必要が減る。

● フットワークの協調性が向上する。バックスウィングとフォロースウィング（インパクト以降）の体重移動がより左右対称になる。バックスウィングでは右足かかとに45％多く体重が乗り、インパクト直後では左足かかとに45％多く体重が乗る。これは、ダウンスウィング中の腰の回転がスムーズなことを示していて、体の動きに邪魔されることなく、正しい軌道でクラブを振れているということ。

● 質の高いバックスウィングをする際の手の移動距離は、旧来のスウィングに比べ20％短くなる（これは『Aスウィング』の顕著な特徴のひとつで、序章で触れたスティーブン・イェーリンの最小エネルギーの法則に関わるものである）。興味深いことに、手とグリップエンドの移動距離が短い（コンパクトな腕の位置を作る）にも関わらず、多くの被験者の場合、クラブヘッドは旧来のスウィングに比べ、最大15％も長く移動した。これは、主に手首の動きによるもの。このコンパクトで効率的なバックスウィングは、繰り返しが容易で、当然、より飛距離が出る可能性を秘めている。

● トップでより強いねじれのエネルギーが生み出される。筋肉の連動性がよくなることで、肩の回転が10％大きくなり、またアドレスからインパクトまでの腰と肩の回転差が25％大きくなる。

● 重心の移動が15％少なくなり、バランスを崩すことなく、バックスウィングからダウンスウィングに移行することができる。

● 同等のパワーを得るのに、必要なエネルギーが30％少なくてすむ。ヘッドスピードがほぼ同じだ

質の高いバックスウィング／従来のスウィングでは、体の回転よりも手・腕が大きく動くのが当然だった。手・腕の動きと体の回転量が一致するのが「Aスウィング」における「質の高いバックスウィング」だ。

としても、「Aスウィング」のほうが、体の回転と腕やクラブの動きとの連動性がいいため、インパクトの条件がよくなり、初速がアップする。

●ミート率（スマッシュファクター。ボール初速÷ヘッドスピード）が8％アップする。つまり、より芯に近いところでコンスタントに打てるので、飛距離がアップする。

科学的分析のまとめ

●スウィングの初期段階において、軸を安定させて体を回転するためのすべての筋肉に必要なエネルギーが少なくてすむ。腹筋周辺のインナーマッスルを使うことにより、ねじれによるスウィングのエネルギーがアップする。

●手とクラブについては、理想的なトップを形成するための、よりシンプルでダイレクト、かつ効率的な動きになる。

●トップでのクラブは、ダウンスウィングで正しくプレーン上に下ろすための、より適切な位置に収まる。

●ダウンスウィングで、体と腕（クラブ）がシンクロして動く時間が十分にとれるために、ボールをしっかり打ち抜くためのエネルギーがさらに増す。

●スウィングのプロペラの動作との類似性により、繰り返し同じようにスウィングすることが容易になる。

●バランスを崩すことなく、クラブを速く振れる可能性が高くなり、ゆえに飛距離が伸びる。

つまり、まとめると、「Aスウィング」は今までのスタンダードなスウィングよりも効率的で、体の動きも容易で、シンプルで身につけやすいということ。
そして、何より〝上手く打てる〟のです！

Bonne chance!（幸運を！）

偉大なゴルファーに不可欠なスウィングの同調《シンクロ》

Chapter 2

SYNCHRO-NIZATION

– THE KEY INGREDIENT FOR GREAT GOLFER

　ゴルファーがしっかりボールを打てて、ショットがコントロールできている「調子がいい時」は、リズムやテンポ、タイミングなどがいいと感じます。そういう時は、スウィングに無駄な力が入らないし、気持ちの面でも穏やかです。ゴルフがやさしいと感じるこの「コツ（ひらめき）」の正体は何でしょうか？ そして、なぜこの「コツ」は、突然現れたり、消えたりするのでしょうか？　ある時は割と長い間、自分の感覚としてとどまっていることもあれば、1ラウンドの間でふと現れて、また消えてしまうこともある。言葉遊びのようで申し訳ありませんが、この「コツ」というのは、ちょっとミステリアスです。ゴルフスウィングのような、複雑な動きを連続的に行う場合、ほとんどのプレーヤーは、調子がいい時のフィーリングを、コンスタントに維持するのに苦労しています。ツアープロでさえ、時にはそのフィーリング（「コツ」）がなくなり、スウィングのリズムを崩します。そして、その「コツ」が失われてしまうと、あんなに簡単だったスウィングが、急に難しく、複雑な力学に感じられ、いろいろ考えないと振れなくなってしまうのです。

　私は、ゴルファーが感じるこの「コツ」の正体は「シンクロナイゼーション（以下、シンクロ。動きの同調）」だと確信しています。ゴルファーの動きが「シンクロ」している時、体の回転（スウィングの要素1）と、腕とクラブの振り（スウィングの要素2）が、連動・同調して動き、結果としてタイミングもリズムもよくなります。この2つの基本的なスウィング要素は、適切に混ざり合っていなくてはならず、そうでなければ、ボールに対して効率的に正しくエネルギーをぶつけることができません。ここで言う「シンクロ」とは、スウィング中の体の回転と、腕とクラブの振りが、全部一緒に同じスピードで動くことではありません。この点は、シンクロナイズドスイミングの「シンクロ」とは異なり、ゴルフのスウィングにおいて全部が同時に動いてしまうと、動きは弱く、力のないものになってしまいます。私が言う「シンクロ」は、2つの大事なスウィングの要素が、正しく連動して、順番に動くことです。これにより、スウィングのエネルギーやパワーが生み出されるだけでなく、もっと重要な、同じ動きの繰り返しを可能にします。次の図で示すように、少し簡素化しすぎてはいますが、スウィングが2つの円でできていると考えることにします。内側の小さい円は、胴体の回転によって描かれる軌跡で、これが不動の旋回軸となります。大きい、外側の円は腕、手、クラブが動く、スウィング（振り）の軌跡です。


　ゴルフのスウィングでは、不動の軸回転と腕とクラブのスウィングの動きの同調と調和、つまり2つの円がシンクロすることが、柱です。すなわちそれがよいショットを安定して打つための秘訣だということです。

　2つの円のうち、主導的な役割を果たすのは、内側の小さい円で起こる、体のねじれとねじり戻しで、それがゴルフスウィングにおいて核となるものです。そこで生み出されたエネルギーが、腕から手、最終的にはクラブヘッドに伝達されるものだからです。

　体の回転運動は、小さな歯車ととらえることができます。この小さな歯車が、腕やクラブの動きである大きな歯車を回しているのです。あるいは、私はよくこれを犬が尻尾を振ることに例えたりします。犬自体が、スウィングにおける体で、振られるしっぽが腕やクラブということです。（つまり尻

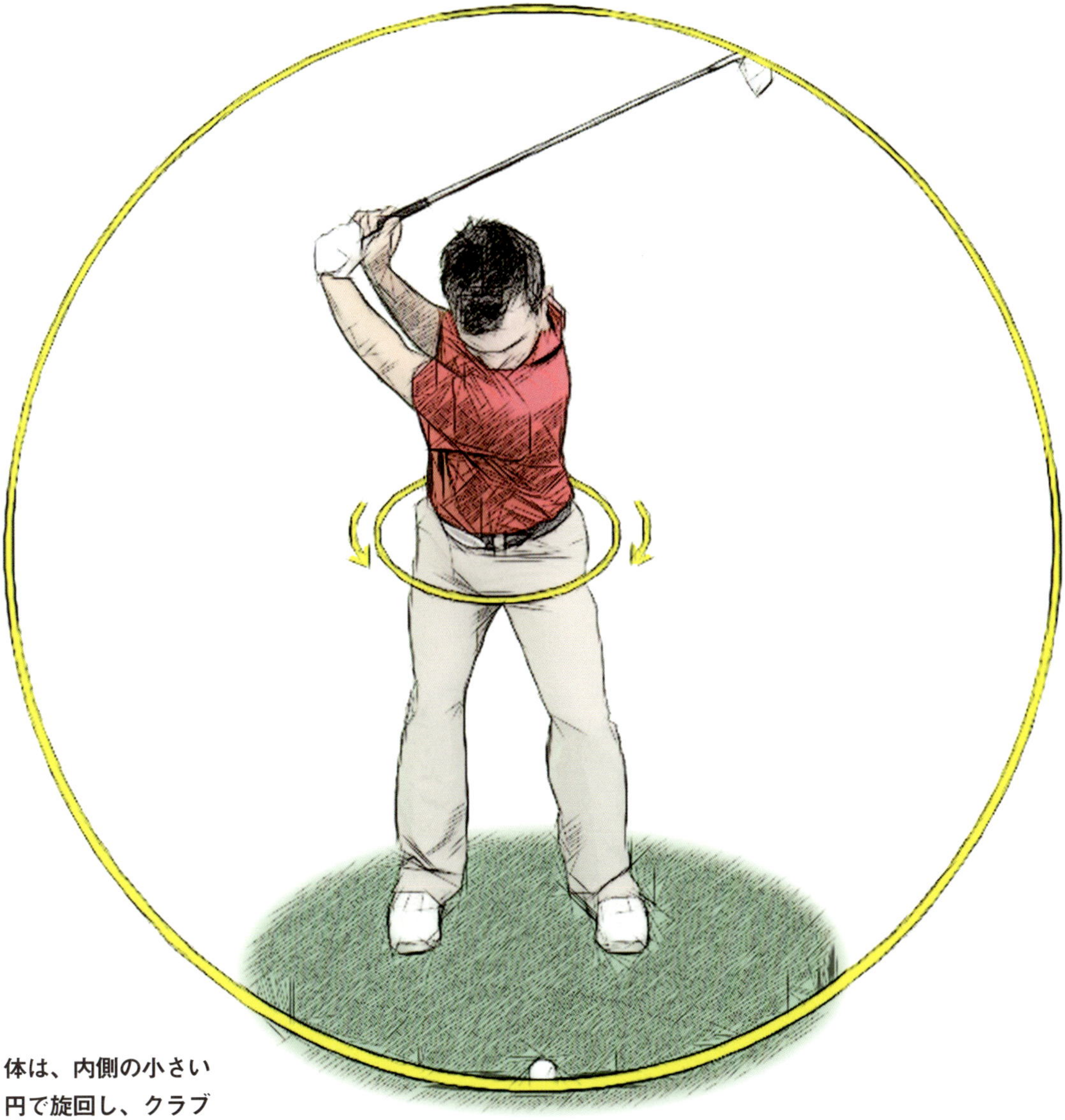

体は、内側の小さい円で旋回し、クラブを振る腕と手は外側の大きな円軌道をたどる

尾が犬を振るのではない)。この2つの円の中で、スウィングの様々な部分が、移動する距離によって、それぞれ異なったスピードで動きます。移動距離が長くなればなるほど、動く速度は速くなるということです。クラブヘッドは、最も長い距離を動くことになるので、手よりも速く動く必要があります。同じように、手は腕より、腕は肩より、肩は腰よりも速く動かなければなりません。これらがすべて同調して、正しい順番で動かないと、リズミカルなスウィングで安定したショットを打つことはできません。2つの円の関係を理解することは、シンクロしたスウィング作りのカギとなる大事なステップであり、「Aスウィング」作りの主要な部分となるものなのです。

スウィングの第1の要素である、体の回転、つまり小さい円のほうは、少し理解すれば、やるのは比較的簡単です。多くのゴルファーが苦労するのは、これと大きな円、つまり、スウィングの第2の要素である、腕やクラブの動きをミックスする部分においてです。なぜなら、大きな円の動きには、手首のコックやアンコック、ひじの曲げ伸ばし、クラブヘッドの遅れ(タメ)、インパクトでスクェアにする動き、そしてフィニッシュに向けたクラブのリリースなど、たくさんの動きが付随します。大きな円には動く部分がたくさんあります。これを、よりシンプルで、繰り返し行いやすいものにするというのが、私が「Aスウィング」を生み出した主な理由の1つです。スウィングの「シンクロ」は、私が長年、レッスン哲学の最重要事項としてきたもので、私のレッスンはすべて、シンクロしたスウィングの実現をゴールとして考え出されたものです。

ミッシェル・ウィは、彼女が13歳の頃から私がコーチしていますが、これまでの指導のすべては、彼女のスウィングをシンクロさせることが目的でした。手足の長い彼女にとっては、スウィングのシンクロは常に難題でしたが、彼女がシンクロについて理解を深め、体力がアップするにつれて、シンクロの度合いは上がっていきました。体と腕の調和した動きを身につけることで、彼女は、ものすごいパワーとコントロールでショットを操る、非常に優れたショットメーカーとなったのです。そして、大多数のゴルファーにとっては、「Aスウィング」こそ、シンクロしたスウィングを得るためのいちばん簡単な方法だと、私は確信しています。

私がアマチュアを指導していて、いつも驚くのは、ボールを打たずに体の回転運動をしてもらうと、とても素晴らしい動きに見えることです。私は、彼らに胸の前で腕をクロスしてスウィングの体の回転を再現するドリルをしてもらい、それをビデオで撮ります。クラブなしでなら、短い時間、ほんの少し指導しただけで、ほとんどの人が体の回転の動きを簡単にマスターします。

まず、安定した下半身に対して上半身をねじります。もし正しいバックスウィングを行えばそうであるように、体重が適切に右サイドに移ります。次に、体重を左サイドに移して、下半身で目標方向への動きをリードします。スムーズでバランスのとれた動きで、力強いダウンスウィングが再現されます。頭も動かずにしっかりと残っています。体を回し切ると、右足がつま先立ちになった、教科書のような完璧なフィニッシュで終わります。動きは終始よどみなく、自然です。このドリルをやる人を見れば、もし同じ形でクラブを振れば、必ずナイスショットが出ると思うはずです。

しかし、悲しいかな、その同じゴルファーに私がクラブを手渡して、ボールを打ち始めると、すべてが変わってしまいがちです。練習の時の流れるような動きは影をひそめ、代わりにそれまでとまったく違う動きが顔を出します。突然、体のねじれは不十分となり、体重移動もままならず、バランスは崩れ、背骨の角度も変わってしまう。頭は右に左に動き放題、そしてフィニッシュも教科書とはかけ離れたものになってしまうのです。この急激な変化の原因は何でしょうか？　簡単に言えば、非効率で複雑なクラブの振り方に、体が反応せざるを得なくなったといったところでしょうか。体の回転が主体ではなくなり、追随者に成り下がってしまった状態、まるで尻尾が犬を振り回しているような状態です。

実際のスウィングで体の回転が上手くいかないのは、腕や手、クラブを振る動作に問題があることの結果であって、それ自体が原因ではない場合がほとんどです。ゴルファーには本能的に、力を入れたい、どうにかしてボールを打つ瞬間にフェースをスクェアにしたいという欲求があります。ほとんどのアマチュアの間違いは、これを、腕と手だけでやろうとしてしまうことです。結果として、自然な体の動きが消失し、ほとんどの場合、スウィングがぎくしゃくしたり、バランスが崩れたりします。

尻尾が犬を振り回す／以前からレッドベターは「体の大きな筋肉が両手および両腕の、小さな筋肉をコントロールする」ことを、「尻尾が犬を振るのではなく、犬が尻尾を振るのだ」と表現している。

こうしたゴルファーが、何らかの方法でスウィングの要素をシンプルに改善できれば、２つの円の動きを調和させることが可能となるのです。

体の回転がスウィングの主役に復帰し、胸の前で腕をクロスさせるドリルと変わらない形でボールを打つことができるようになります。それがゴールなのです。私はいつも生徒に、実際のスウィングで、クラブなしで行う体の回転のドリルと同じ見た目、同じ感覚があれば、それは体の回転がきちんとできているということで、そうなればベストなプレーができるよ、と言っています。

「Ａスウィング」は、腕や手、クラブの振り方をよりシンプルにして、体の回転を楽に行えるようにするためのものです。私が「Ａスウィング」を作り出したのは、多くのスウィングで、それが上手くできていないからなのです。

ゴルフの上達には、柔軟性や筋力がものすごく必要というわけではないですし、ツアープロのようにクラブを速く振る能力も要りません。腕の振りと体の回転をシンクロさせる、そのやり方を覚えるだけでいいのです。もちろん、柔軟性や筋力があれば、積極的に体をねじることができて、飛距離アップにつながるでしょうし、手首のコックとアンコックを効果的に使えれば、テコの原理でさらに飛距離を伸ばすことができるでしょう。

しかし、コンスタントなショット、芯に当たるショットを打つのにどうしても必要なものではありません。私たちは、一人ひとりが異なる身体的特性を持っているので、どのスウィングもその人特有の個性を持っています。ですから、スウィングをシンプルにして、各部の動きをシンクロさせるというのが、ゴールです。正しいセットアップ、安定した体の回転、シンプルな腕の振りが、上手く連動すると、ショットの精度は上がります。ナイスショットが増えるのはもちろんですが、それより大事なのは、ミスショットしてもミスの度合いが少なくてすむようになることです。それこそが、シンクロの効果であり、スコアを縮めるカギでもあるのです。

いいスウィングでは、効率的で順序正しいエネルギーの伝達が起こります。プロのダウンスウィングを見るとわかるように、ターゲット方向に最初に動くのは下半身です。ジャック・ニクラスの言葉を借りると、「地面のほうから順番にねじり戻る」ということです。

その後で上半身がねじり戻り、続いて腕、その次に手がインパクトに向かって下りてくるという順番です。ヘッドはこれら全部の動きに引っ張られる形で遅れて下りてきて、最後には追いつき、ボールに向かってエネルギーがリリースされます。これは「むち」をしならせる動きにとてもよく似ています。

どこかで順番が狂ったり、何かが邪魔したりすると、スウィングは決して効率的で効果的なものにはなりません。動きがシンクロしていないスウィングで、それでもナイスショットを打とうとすると、ハンズ-アイ・コーディネーション（視覚から得た情報を脳で処理して手で上手く瞬間的に対処する能力）やタイミングなど、ものすごい能力が必要です。実は、上手いプレーヤーというのは、スロー再生でしかわからないような、手の動きによる素早い修正動作を行っているのですが、ほとんどのゴルファーはそんな1000分の1秒単位の修正能力は持っていないのです。

原則として、スウィングがコンパクトになるほど、コンスタントな結果が得られると言えます。論理的に考えても、スウィングがコンパクトなほど、テークバックで腕が動く距離は短く、余計な動きが起こらないので、シンクロした動きを保つのは簡単です。ハーフスウィングくらいの大きさで打つと、ものすごいナイスショットが出たというのは、ゴルファーならよく聞く話です。

動きのシンクロに問題が起こるのは、スウィングの2つの要素のうち、一方がもう片方に勝ってしまう時です。上級者によくある傾向ですが、腕や手がまだトップのポジションに到達する前に、体の回転が完成してしまうというのが、1つの例です。こうなると、腕を体とは別に単独でトップの位置まで「持ち上げる」必要が出てきます。

また、上手ではないプレーヤーに多いのは、これとはまったく反対で、体の回転が終わる前に、腕とクラブがトップのポジションに到達してしまう例です。バックスウィングの目的というのは、上半

地面のほうから順番にねじり戻る／ダウンスウィングでは、足首のねじりがまず戻り、ひざ、腰、肩、そして腕や手がこれに従って動く。

身のねじれをともなう体の回転を完成させることと、腕とクラブをトップのあるべき位置に運ぶこと、この2つをダウンスウィングがスタートする直前までに、ほぼ同時に終わらせることです。

もちろん、動きのシンクロの問題はダウンスウィングでも起こります。ただし、これはバックスウィングでの問題に端を発しているケースがほとんどです。上級者の場合は、ダウンスウィングで体をあまりにも速く目標方向にねじり戻すので、腕やクラブが後ろに置き去りになるケースが多く見られます。

プロゴルファーやテレビの解説者がスタックと言うのを聞いたことがあるかもしれません。これは、体が先行しすぎて行き場をなくし、腕やクラブが遅れて下りてくる状態のことです。ゴルファーのスウィングがスタック状態になると、手や腕のスピードを上げて体に追いつかせるか、逆に体の回転のスピードを緩めて、インパクトのほんの一瞬でシンクロ状態を取り戻すほかありません。これには相当な才能と微妙なタイミングが必要ですし、常に有効な手段ではありません。

私が思うに、ツアープレーヤーが調子を崩すのは、ほとんどの場合、動きのシンクロが失われた結果です。ですから、スウィング改造というのは、シンクロ状態を取り戻すことが目的でなければいけません。

それはともかく、アベレージゴルファーの問題は、ダウンスウィングをほとんど上半身だけでスタートしてしまうところにあります。そして、ハーフウェイダウンまで進んだところで、体の回転が止まってしまい、腕と手だけが進み続けます。クラブは確実にアウトサイドインのカット軌道となり、その結果はスライスだったり、引っかけだったり、ご存知の通りです。

ダウンスウィングで現れる問題のうち、バックスウィングでのシンクロに原因があると考えられるものは、次の通りです。

- **切り返しで手がアウトサイド（飛球線後方から見てボール側）に出る。**
- **切り返しでいきなりコックがほどける（キャスティング）。**

- **ダウンスウィングでスタック状態になる。**
- **振り遅れ。**
- **アーリーリリース。**
- **インパクトでの手のフリップ（手を返しすぎる状態）。**
- **インパクトで左ひじが曲がること（チキンウィング）。**
- **スピンアウト。**
- **スライド（下半身が目標側に流れること）。**
- **ハンギングバック（ダウンスウィング以降で体が後ろに残ってしまう状態。フィニッシュはいわゆる『明治の大砲』）。**

明治の大砲／明治時代に日本で使われていた大砲には車輪がついており、球を打ち出す反動で後ろに下がったという。このことから、体重が右足に残り、体がそっくり返るようなフィニッシュを「明治の大砲」と呼ぶようになった。

これらの問題を修正するには、問題の原因に当たることが不可欠で、その原因こそ、シンクロが上手くいっていないということなのです。問題となる部分だけを切り離して、そこだけ修正しようとすると、たまたま上手くいき、一時的にナイスショットが出るようになるかもしれません。

しかし、傷口に〝ばんそうこう〟を貼るような、応急処置的なこのやり方は、大抵の場合、長続きしません。これだけスウィング分析やゴルフ用具が進歩しているのに、平均的なゴルフの質が向上していないのは、このやり方に最大の問題があると、私は感じています。

昔ながらのレッスンの手法は、多くのゴルファーにとって、原因から派生した問題、つまり表面的な症状だけを改善することに特化しすぎていて、原因の根本治療にはならないのです。まるで、家の土台が揺らいでいるのを放置して、壁のひび割れだけを修復しているかのようです。本質的な問題を解決しない限り、ひび割れは必ず再発します。

私は、多くのプロゴルファーが、その生涯をひび割れの修復に費やしていることを知っています。その中には、ゴルフの殿堂入りするような名プレーヤーも含まれています。ひび割れの修復とはつまり、スウィングの欠点を何らかの方法で埋め合わせているということです（いかに多くの名プレーヤーが帳尻合わせのスウィングをしているかを知れば、きっと驚くことでしょう）。

ただし、才能あるアスリートでさえ、この埋め合わせ動作を完璧にこなすために、長い時間をかけ、粘り強く、忍耐強く練習することが必要です。そうして、スウィングに欠陥があってもなお、動きをシンクロさせ、コンスタントに芯に当たるインパクトを実現し、ボールにエネルギーを伝える方法を見つけるのです。

しかし、ほとんどのゴルファーは、このような、様々なスウィングの問題を埋め合わせる資質や技術には恵まれていません。だとしたら、昔ながらの長い道のりを歩いて、しつこく現れるスウィングの問題に対処し続けるより、シンクロを理解することで、ついに問題の根本原因に当たるほうが、よっぽど簡単ではないでしょうか。シンクロは、ゴルフ上達へのミッシングリンク（本来あるべきだが欠けてしまっている部分）なのです。

「Ａスウィング」が多くのアマチュアゴルファーの共感を得られると、私が信じる理由が、この点にあります。「Ａスウィング」はシンクロの核心にダイレクトに迫り、ショットの精度を向上させます。「Ａスウィング」の最終的な目標は、クラブの振りと体の軸回転という、２つの円を上手く調和させることで、「Ａスウィング」のやり方はこれを非常にシンプルにします。この２つの要素を上手く調和させることができると、スウィングにおける典型的なミスのほとんどが改善されます。つまりは、「犬が尻尾を振る」という、いちばんシンプルで、最も効果的なスウィングを可能にします。やるべきことは、私のレッスンを１つずつこなすことだけ。さあ、今すぐ始めましょう。

左のイラストは、１９９０年に出版され、記録的なベストセラーとなった最初の著書、「ザ・ゴルフスウィング」（日本語版は１９９２年刊行『ザ・アスレチックスウィング』）に掲載されたものです。このイラストに込められた理論は、長い間、私のレッスンの基礎であり、私のアカデミーのインストラクターの指導理念であり続け、時間が経っても色あせていません。イラストが意味しているものは、犬の尻尾が動くのは、体の動きによるものだということ。これをゴルフのスウィングに当てはめると、クラブが振られるのは、まず体が動いた結果であるということです。この基本原則は、「Aスウィング」においても重要な部分を占めています。

「Aスウィング」の基礎
アドレスとグリップ

Chapter 3
THE A SWING FOUNDATION
ADDRESS & GRIP

堅固な構造には、しっかりとした土台が必要です。ゴルフで言えば、土台となるのはセットアップ、あるいはアドレスの位置で、これは⑴グリップ、⑵ポスチャー（姿勢）と腕の形、⑶アラインメント（方向取り）、⑷スタンスに応じたボール位置、の４つで構成されています。スウィングというのは、順序立った連続した動きですが、そのすべてがセットアップから始まります。スウィングの間違いの多くは、もとをただせば、よくないセットアップにたどり着きます。これはとても残念なことです。なぜなら、ほんの少しだけ意識して、ボールに対して正しく立ち、それをいつも繰り返し行う訓練をするだけで、多くのスウィングの問題が解決するからです。「Aスウィング」を行うには、正しいセットアップが絶対に欠かせない前提条件となります。セットアップは、誰にでもマスターできて、誰でも繰り返し行うことができる領域です。

よくある間違い

1・左手のグリップを手のひらで握る

私はこれが、ゴルフにおける最大の問題だと思っています。推測では、少なくとも80%のゴルファーが、この問題を抱えています。世界中どこへ行っても、まるで流行性のウイルスのように蔓延しています。右利きのゴルファーの多くは、左手を指先のほうの低い位置ではなく、手のひらの高い位置で握っているのです。グローブの、グリップエンドが当たる部分が磨耗していたり、破れていたりするのは、グリップが正しくない証拠です。極端なケースでは、大きな穴が空いていることもあります。これは、グリップが手のひらの中で動いて、その摩擦によってできるものです。

ほとんどのゴルファーは、クラブのグリップを手のひらに押し当てて握ります。そうするとしっかり握れるような感じがするのと、それ以外のいい方法を知らないことが原因です。これは、自然だと思える感覚が、実は間違いだという例です。

また、クラブのグリップの太さが合っていないという場合も多く、グリップが太すぎたり細すぎたりするせいで、手のひらに押し当てざるを得ないという面もあります（プロかクラブフィッターに、グリップの太さをチェックしてもらうことをおすすめします）。

理由はどうあれ、手のひらでグリップを握ると手や腕の筋肉がかなり緊張し、これが、バックスウィングの初期に手と腕を無駄に使ってしまう原因となります。

また、手のひらで握るグリップは、スウィングの大事なパワー源である、左手首の自然なコッキングを阻害します。手のひらで握っている人は、大抵、左手が「ウィーク」になっているのでわかります。これは、左手がグリップを中心に左に回転しすぎていて、通常、2つか3つ見えるはずのナックル（指の付け根の関節）が、1つだけしか見えない状態です。これに対して、右手のグリップは「ス

クラブを指先側の低い位置では
なく、手のひら側の高い位置で
握ると、力みが生じ、グローブの
グリップエンドが当たる部分に
不必要な磨耗や破れが生じる

トロング」なポジション（シャフトを中心に右に回転した位置）で握る傾向がありますから、グリップのほぼ下側に両手を巻きつける形になります。このあまりよいとは言えないグリップは、スウィングのスタートに悪い影響を与えるだけでなく、その他のたくさんの間違いの原因になります。

典型的な悪いグリップ

左手が「ウィーク」で、右手が「ストロング」の位置にある

2・背中を丸めたアドレス&クラブを握る腕の力み

間違ったセットアップと、腕に力を入れてクラブを握ることは、スウィング中に体が正しく動かない原因になります。間違ったセットアップには、背骨が曲がっていること、ひざの伸ばしすぎや曲げ

すぎ、首を前に折ることなどが含まれます。セットアップで重要なのは、バランスを崩すことなく、一定の軌道を保って、クラブをスムーズにスウィングできる体勢かどうかです。腕の力みは、リズムやテンポを悪くする、いちばんの原因です。手や腕は、スウィングの初期段階では主導的な役割を持たないように、リラックスした状態でスタートしなければなりません。腕が力んでいると、体の力が腕から手、手からクラブへと上手く伝わらず、結果としてインパクトが弱くなります。

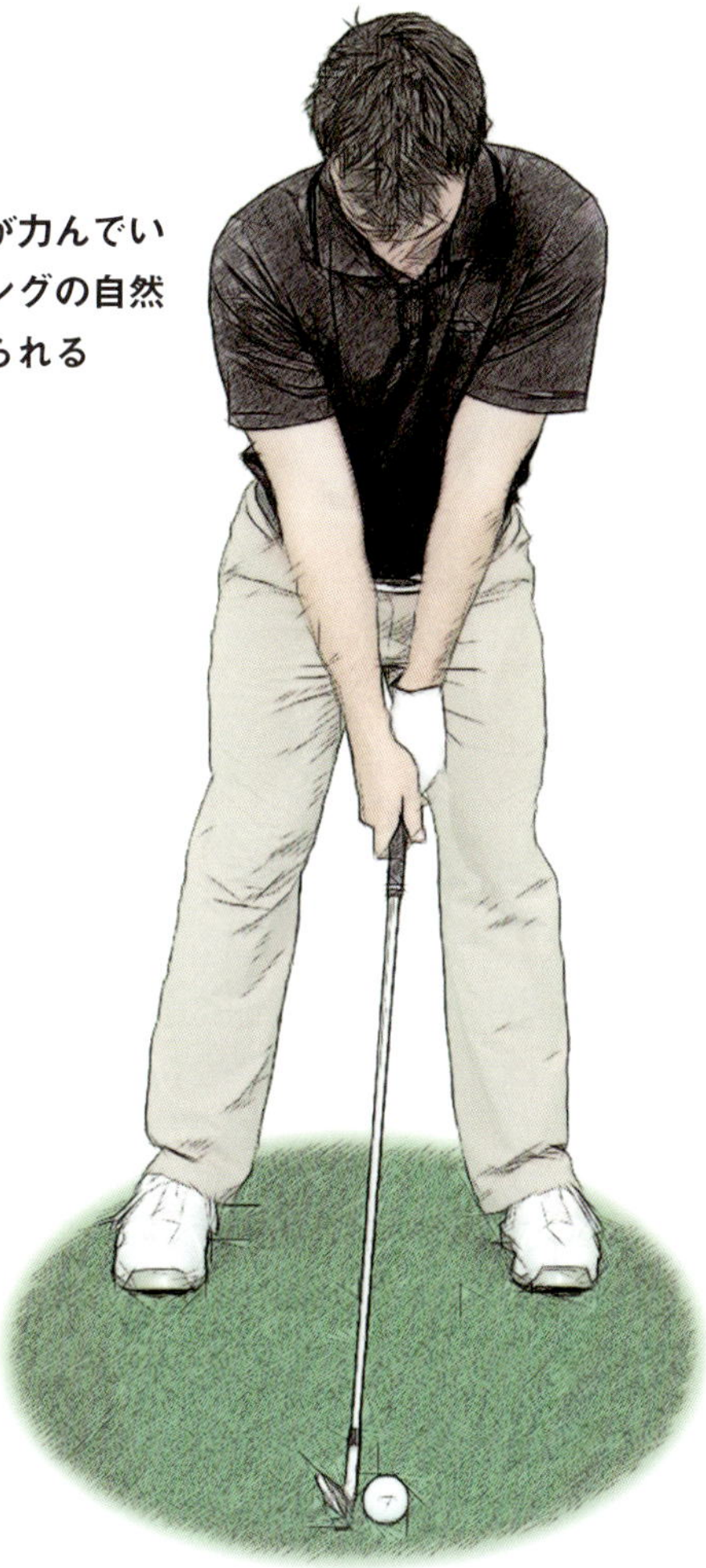

アドレスで腕が力んでいると、スウィングの自然な流れが妨げられる

ポスチャー（姿勢）がよくないと、体を正しく動かしづらくなる

例えばアーチェリーでは、目と体を矢の後ろから目標に向かってセットしますが、ゴルフはそれと違い、目標に対して体を直角にし、ボールの横に立たなくてはなりません。だから、狙い通りに構えるのが難しいのです。

ゴルファーの多くは、両足のポジションには気を使いますが、腰や肩のラインが、ターゲットに対してどうなっているかについては無頓着なことが多いようです。

上半身の向きはとても重要です。ボールの方向性が悪い原因は、腰か肩のどちらか、あるいはその両方が間違った方向を指していることが多いのです。

よくあるアラインメントの間違い

ゴルファーは足の向きは気にするが、
上半身の向きには無頓着になりがち

4・ボール位置が目標寄りすぎる、または後ろすぎる

あまり知られていないことですが、ボール位置の問題は、プレーヤーのスウィングの傾向と関係があります。例えば、スライサーはボールをスタンスの前方、目標寄りすぎる位置に置く傾向がありま す。これは、クラブがターゲットラインに対してカット軌道を描くので、それを相殺するためです。反対に、スウィング軌道が極端なインサイドアウトの人は、ボールをかなりスタンスの後ろ寄りに置く傾向があります。

ボール位置の問題は、バッグに入っているすべてのクラブに関係します。例えば、ゴルファーの多くは、ドライバーのボール位置がアイアンと同じになっていることに気づかず、それがスウィングの問題を引き起こしています。また、よくあるケースとしては、アイアンでボールを上げたいがために、ボール位置が目標寄りになりすぎていたりします。後に解説しますが、ボール位置というのは、クラブの長さによって決まるものなのです。

ボールを打つことの妨げとなる、よくあるアドレスの間違いがどういうものかわかったところで、「Aスウィング」の正しい基礎の作り方を紹介します。

ボール位置が目標寄りすぎる。
スライサーに多く見られる

ボール位置が目標に対して後方すぎる。
フッカーに多く見られる

グリップ

私のすすめるグリップのやり方は、一般的な方法とは異なります。しかし、極めて自然なやり方ですし、「Aスウィング」において不可欠の重要な部分でもあります。手と手首を正しく動かすことがこのグリップの目的ですが、最初は違和感があるかもしれません。

今は亡き、伝説のゴルファー、ベン・ホーガンは、「いいプレーは、いいグリップから始まる」と言っています。ホーガンの言う「いいグリップ」がどういうものかは、人によって解釈がいろいろあります。しかし、私たちが分析した結果である「Aスウィング」のグリップは、最終的なゴールにたどり着くために、とても重要なものです。ゴールとはつまり、ヘッドスピードを最大にし、インパクトでフェースをスクェアにすること、それによりいつでも真っすぐ遠くにボールを飛ばせるようになることです。

「Aスウィング」においてグリップがとても重要であることと、これまでの一般的なやり方とは異なることから、まず、両手がクラブの上でどういう見え方をするべきかから説明します。その上で、どうしたら、手を正しく、その位置にセットできるか、説明することにしましょう。

いいプレーは、いいグリップから始まる／ベン・ホーガンがその著書「モダン・ゴルフ」のなかで述べた言葉。

プレイヤー（お祈り）グリップ

手は互いが鏡に映っているような形になる

完成した「プレイヤーグリップ」は、手首の甲側の角度が左右対称

私は、「Aスウィング」のグリップを、ナチュラルでニュートラルな手のポジションと表現しています。これは、右手が鏡に映ったかのように左手が位置することを意味します。そのまま、手を顔の前に持ち上げると、両手首の甲側にできる角度が左右ぴったり同じになり、まるでお祈りのために手を合わせているような形になるので、私はこれを「プレイヤー（お祈り）グリップ」と呼んでいます。

右利きのゴルファーの場合、左手はゴルフ用語で言う、「ストロンググリップ」（シャフトを中心に右に回転した位置）になります。アドレスの状態で左手を見下ろすと、ナックル（指の付け根の関節）が2、3個見え、人差し指が真っすぐ右目の方向に向いています。

右手はこれとは反対で、「ウィークグリップ」（シャフトを中心に左に回転した位置）になります。右の人差し指が、左目の方向に真っすぐ向きます（『ストロング』と『ウィーク』は、グリップの力加減が強いとか、弱いとかとは何の関係もありません）。

左右対称のこのやり方でグリップを握ると、手首がやわらかく使えるようになり、正しくコックして力を溜められるようになります。テストに協力してくれた生徒達の場合、違和感はすぐになくなりました。また、この握り方は、クラブフェースをスクェアにしやすく、インパクトゾーンでクラブを正しくリリースしやすくなります。

上から見ると、左手のナックルが
2、3個見えなければならない

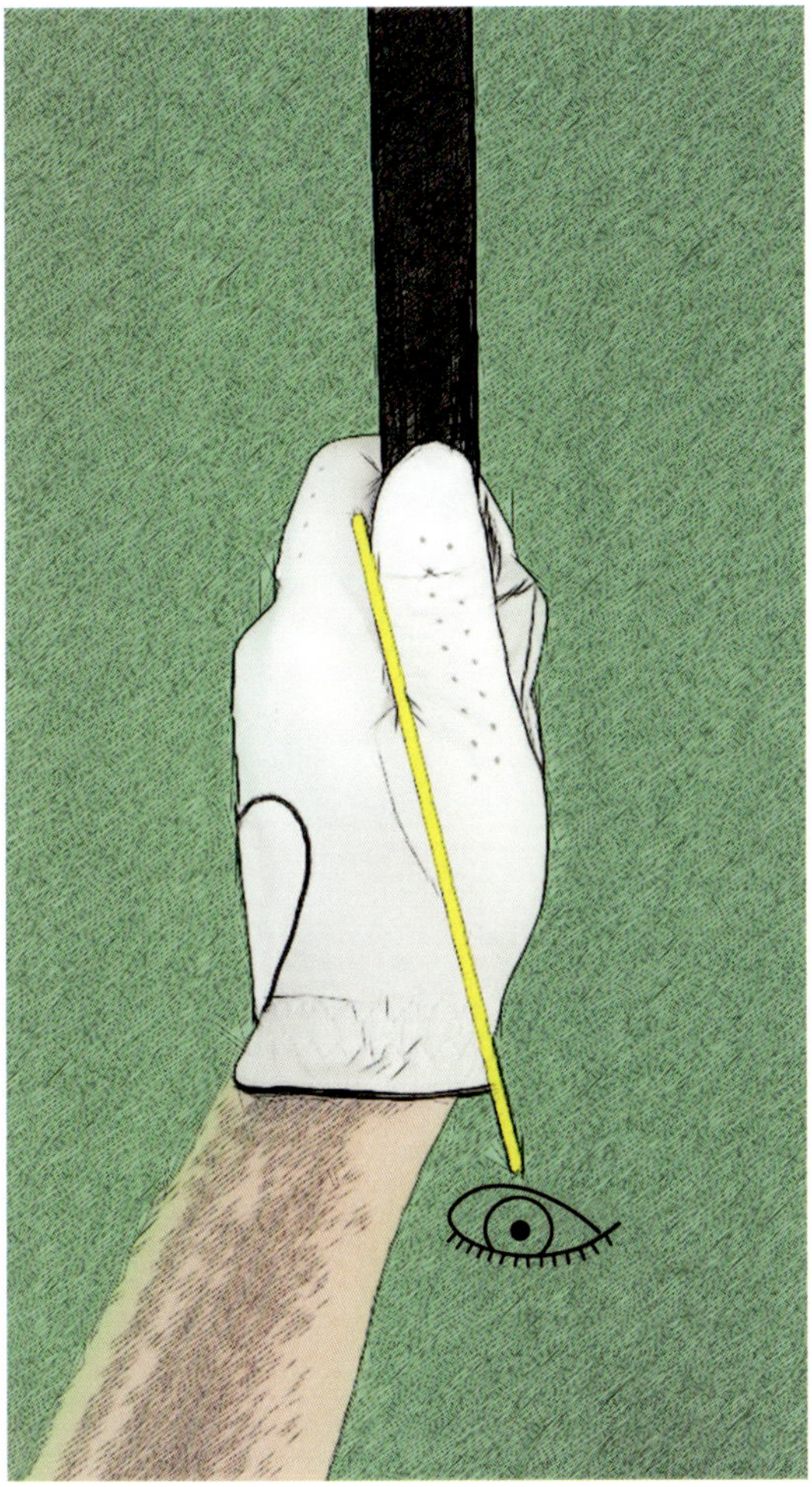

左手の人差し指が、右目に対して
真っすぐになる

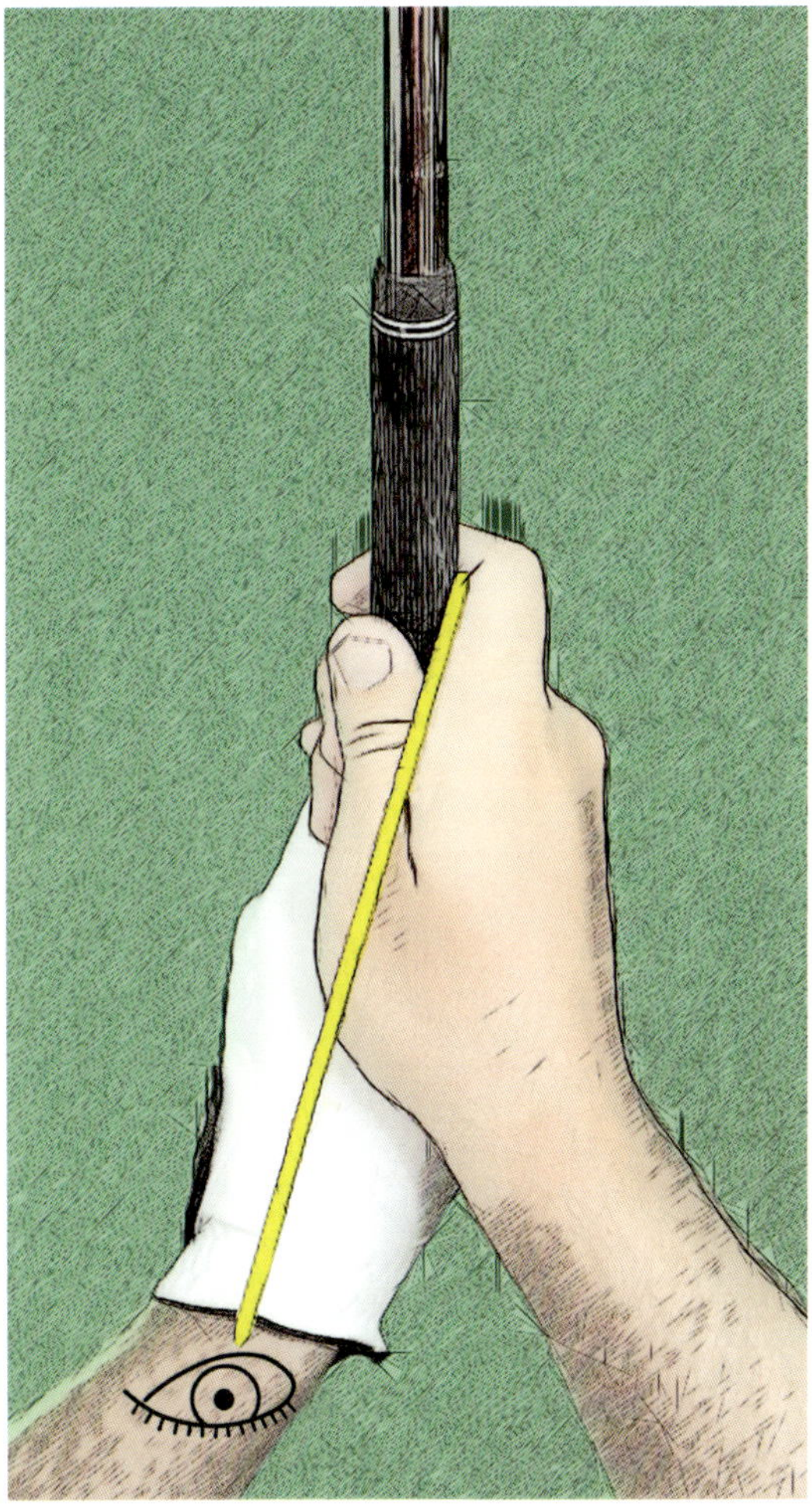

右手の人差し指が、左目に対して
真っすぐになる

「Aスウィング」のグリップがどういう見え方をするのか理解したところで、握り方の手順の説明に移ります。まずは左手からです。

グリップを、手のひらの下の部分から指先にかけて、斜めに横切るように当てます。シャフト（グ

完成したグリップを真上から見たところ

リップ）は、人差し指を曲げたところで支える形になります。指を閉じてグリップを握ると、親指は人差し指の付け根に触れつつ（安定したグリップのための重要な接点）、シャフトの上に真っすぐしっかりと添えられます。右手人差し指の付け根はわずかに張り出し、銃のトリガー（引き金）を握っているような形になります。

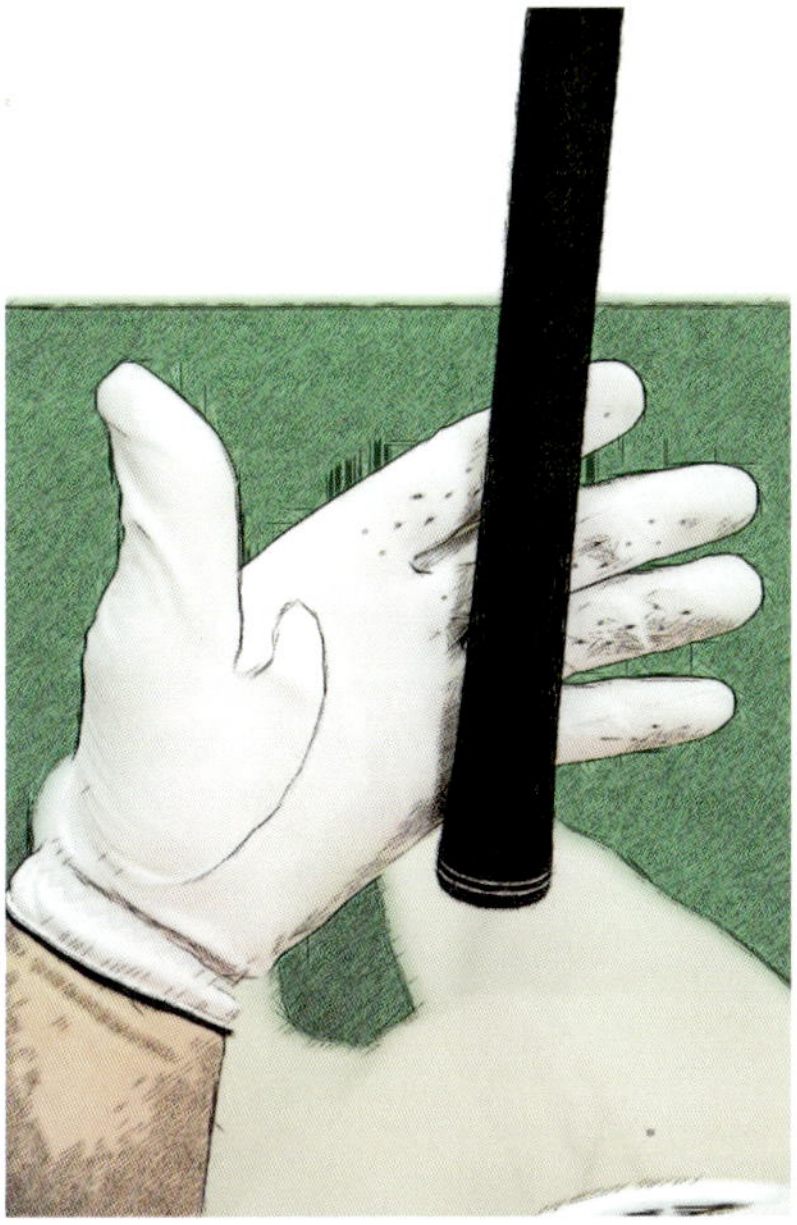

①
クラブのグリップを、指と手のひらに斜めにあてがう

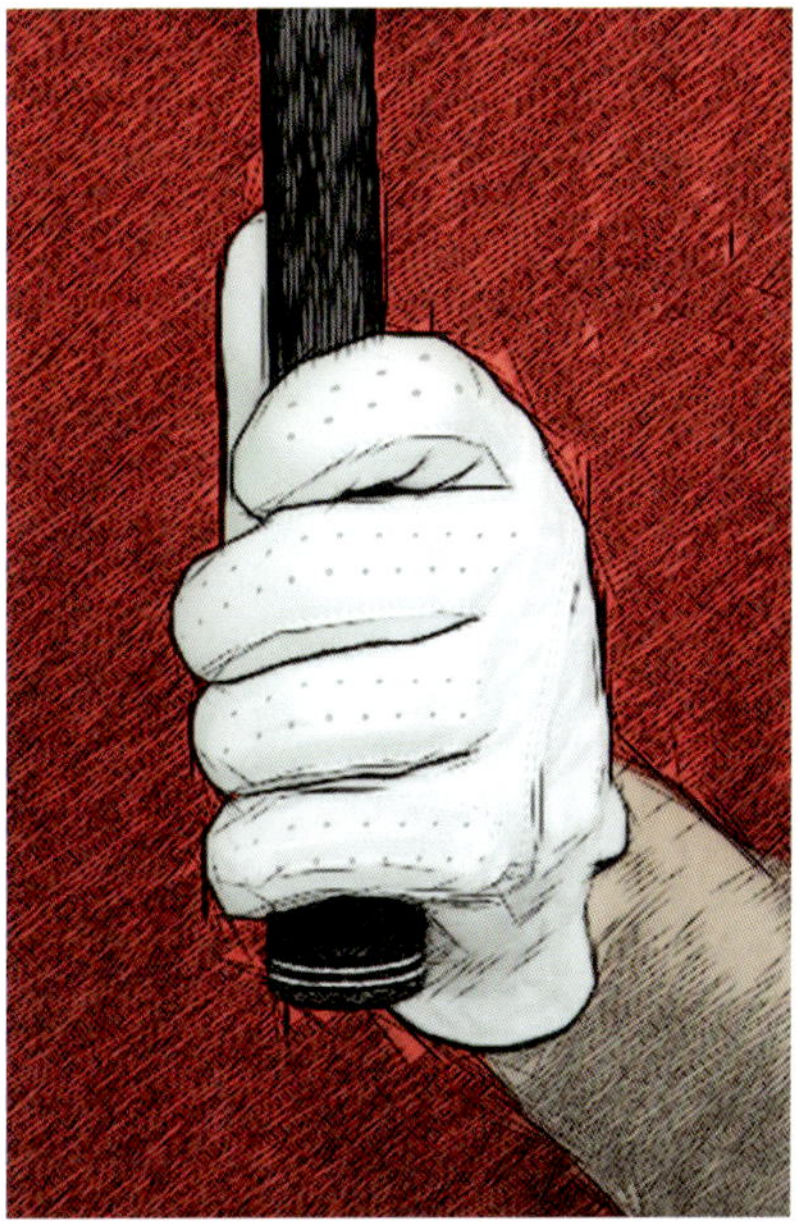

②
くっついた親指と人差し指が、重要な接点を形成する

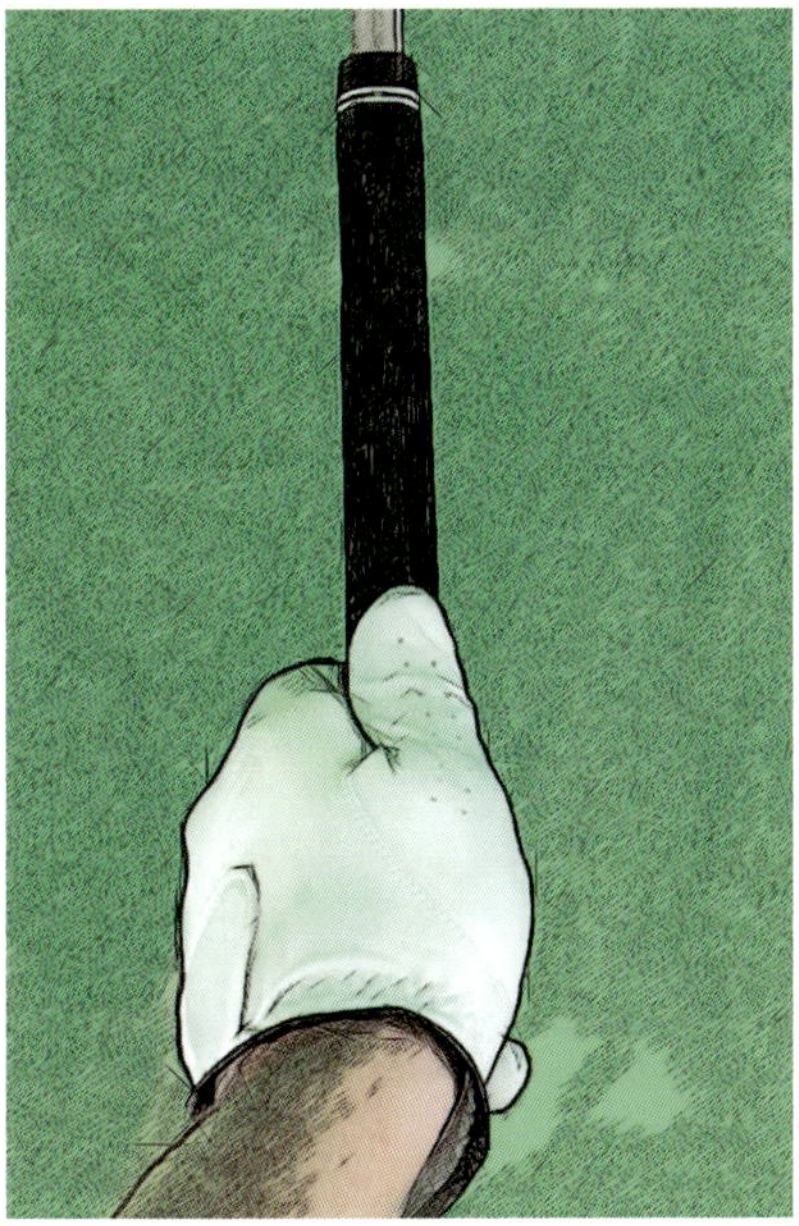

③
あたかも銃の引き金に指をかけているかのように、左人差し指の付け根が張り出す

次は右手です。左手の親指に右手の生命線をぴたりと合わせます。掌底部（手のひらの手首に近い部分）が、左親指を覆い、親指同士がほぼ平行になって重なり合っていることを確認してください。指を閉じてグリップを握り、その際、右手人差し指だけを少し離して、中指との間に隙間ができるようにします。こちらも、銃の引き金に指をかけている形になります。

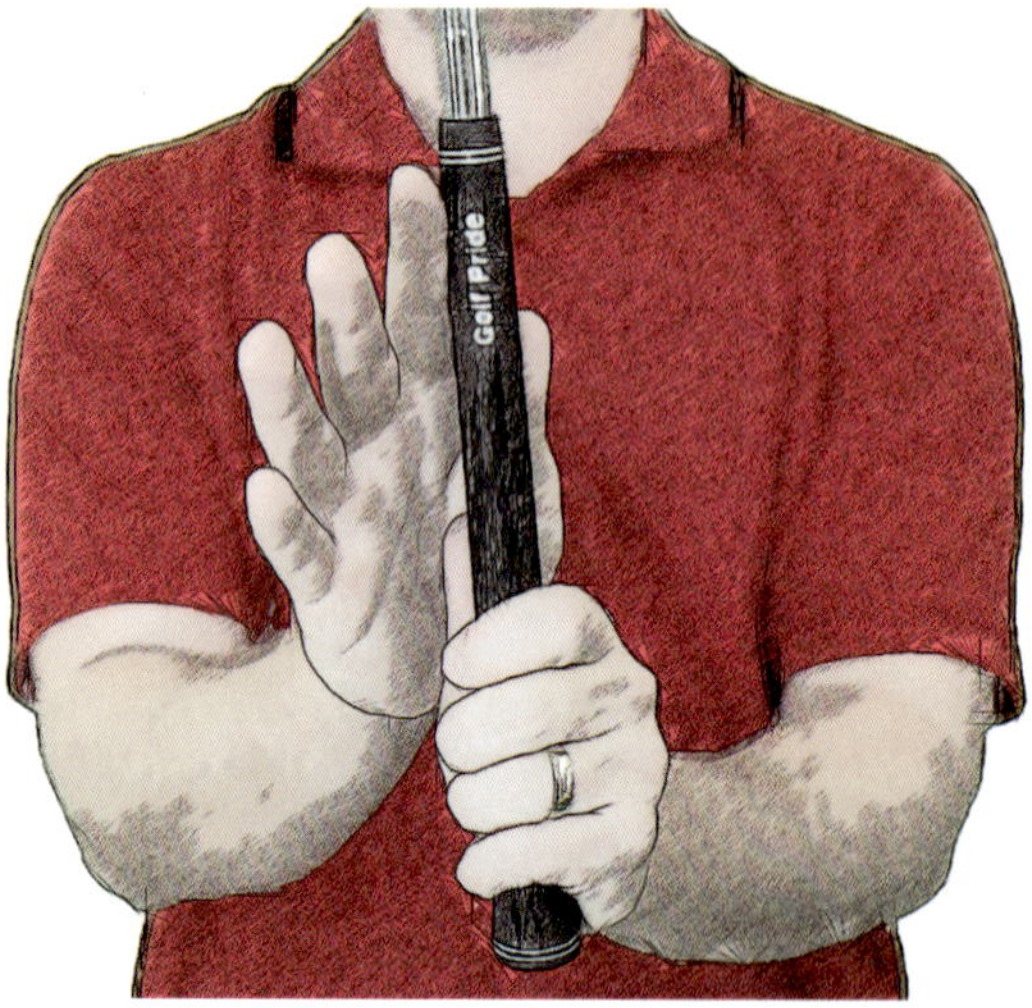

左手の親指の上に、右手のひらを合わせる

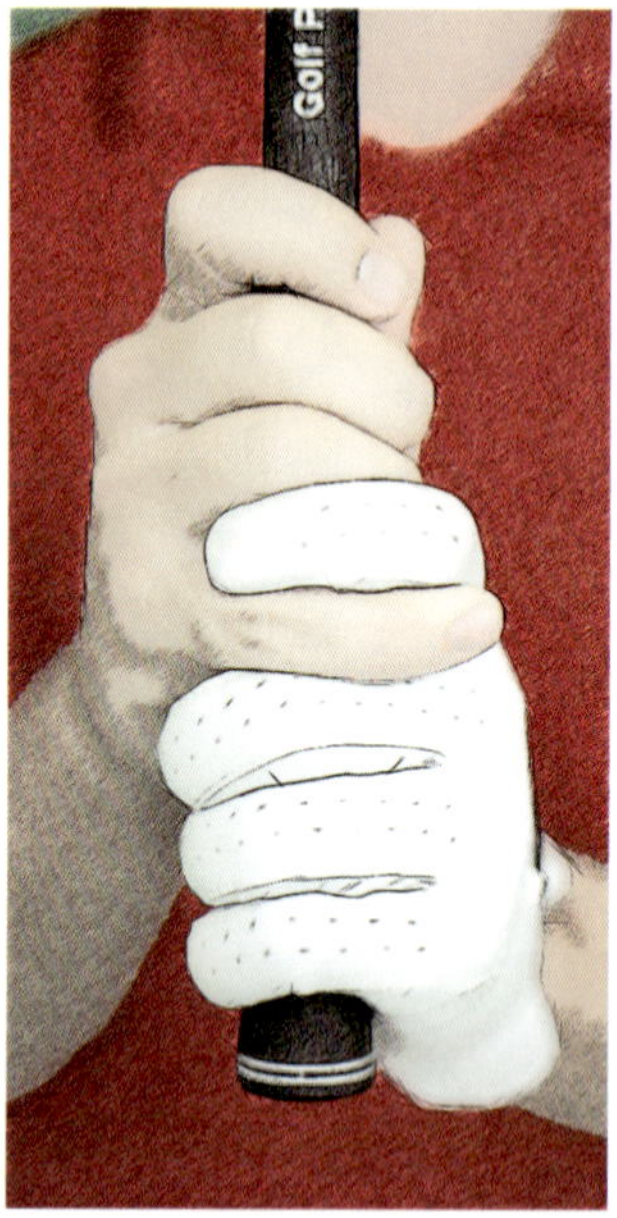

右手の人差し指は、銃の引き金を引く形になる

両手を正しいポジションにセットしたら、左右の手が一体となって動くように、どうつなぎ合わせるかを選ぶ必要があります。選択肢は3つです。自分がやりやすいものを選びましょう。

ひとつ目は、オーバーラッピングのバードングリップスタイルで、20世紀の初期に、偉大なゴルファー、ハリー・バードンにより、世に広められた形です。このグリップでは、右手の小指を、左手の人差し指と中指の谷間にフィットさせます。大多数のプロが採用しているため、この本に出てくるイラストも、このグリップになっています。

2つ目は、ベースボールグリップです。これは、単純に右手が左手の下に位置する形です。このグリップは手の小さい人や握力の弱い人、関節炎で苦しんでいる人、あるいはもっとヘッドスピードを上げたいと思っている人などに有効です。

3つ目の選択肢は、インターロッキングスタイルで、ジャック・ニクラスや、タイガー・ウッズが採用しています。

3つのうちどれを選んでも、「Aスウィング」を行うのに問題はありませんが、私はインターロッキングをおすすめします。インターロッキングは、クラブをソフトに握れるところがよく、「プレイヤーグリップ」にした時に最も違和感がないと考えているからです。

このグリップで大事なのは、絡まっている2本の指です。右手小指と左手人差し指は、リラックスしていて、少し飛び出た形になり、クラブに完全には接していません。これにより、グリップの中間部分の圧力を軽減することができるのです。

インターロッキングによって起こる問題のほとんどは、このグリップを採用するゴルファーが、傾向として小指と人差し指を深く絡めすぎることに起因しています。2本の指を強く締めすぎると、グリップに不必要な力みが生じます。この2本の指から力を抜くことで、手首のコックがらくにできるようになります。

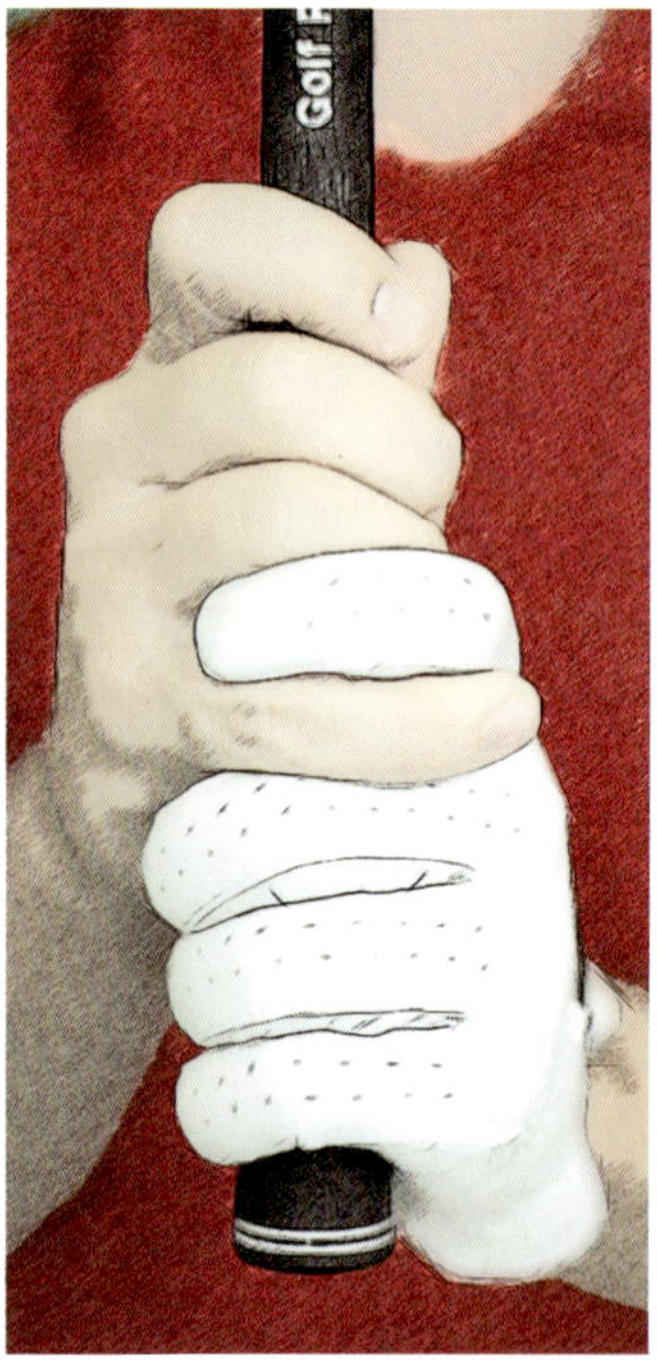

③インターロッキンググリップ

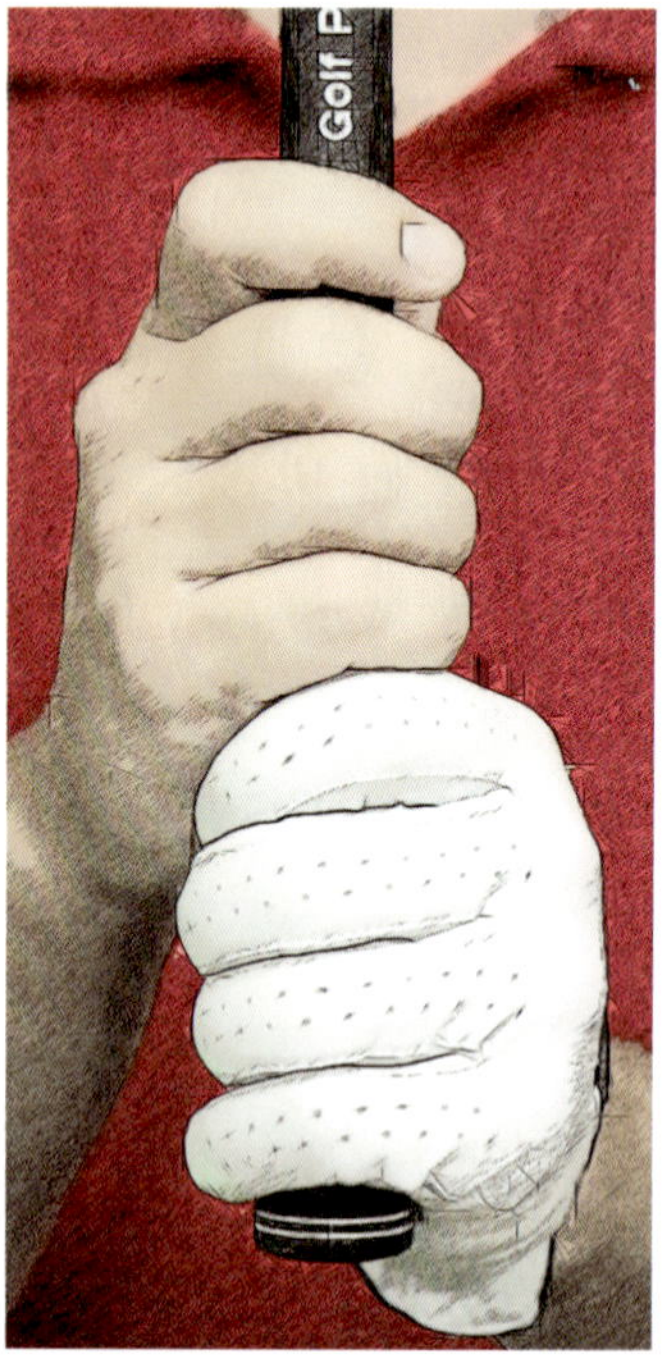

②ベースボールグリップ

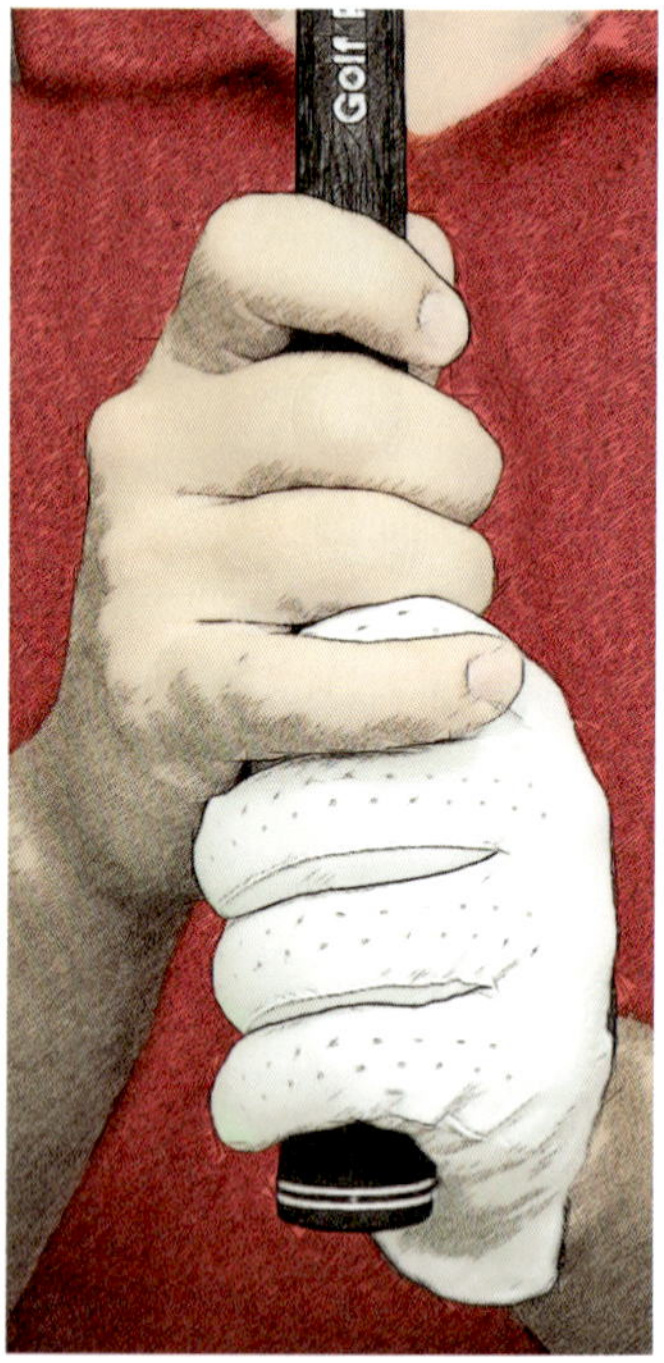

①オーバーラッピンググリップ

全体的なグリップを握る力加減としては、左手の小指側2本と、右手の親指と人差し指は、少しだけ他の指より圧力をかける一方で、グリップの中間部分は、実質的にほぼゼロに近い力加減となります。この力加減の分布は、クラブの操作性を維持するのに有効です。具体的には、バックスウィングで手首を深くコックしやすくなって、より「テコ」の力を利用できるようになり、ダウンスウィングでは、手首の「タメ」がキープされやすく、ショットのパワーが増します。

どの握り方を選んだとしても、全体としてグリップの力加減は軽くなければならず、だからといって、緩すぎてももちろんいけません。地面からクラブを持ち上げるのに、ギリギリ必要な強さで、その際、両手にクラブの重さを感じられるくらいの力加減で握るのがいいでしょう。

グリップの力加減を10段階で表すとしたら（10が最も強い）、目指すのは3か4の強さです。このくらいソフトにグリップすると、腕や肩からも力みが抜けます。これは、よどみないスウィングには不可欠な要素です。

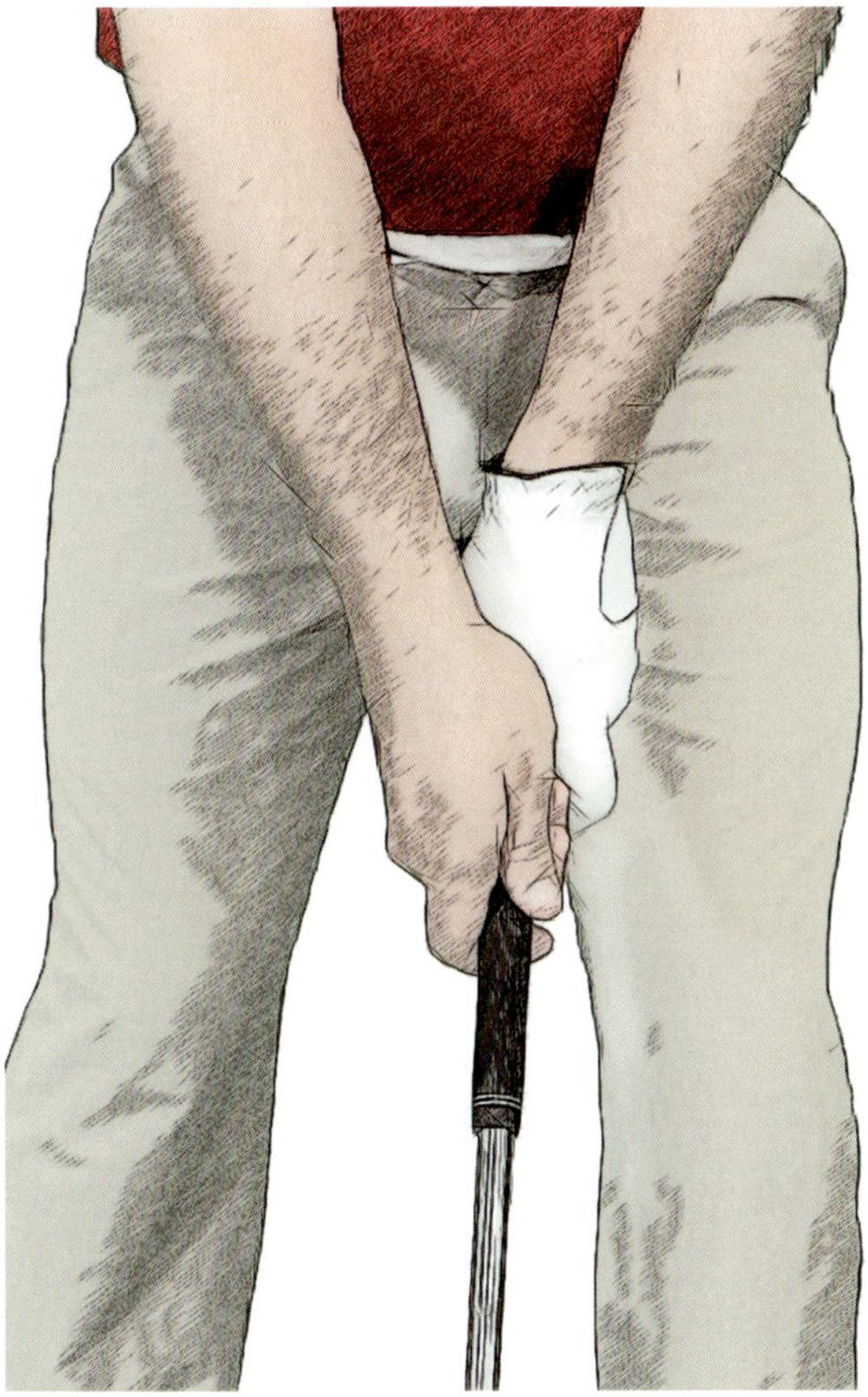

完成した「Aスウィング」のグリップ

スウィング中に手と手首が正しく動く状態を作り、クラブの操作性と安定感も損なわないのが「Aスウィング」のグリップなのです。

グリップの金言

- 左手はストロンググリップで、右手はウィークグリップで握る（お祈りの手の形）。
- クラブは左手の手のひらの下側から指先にかけて、斜めにあてがう。
- 全体的に軽く握る（10段階で3か4）。

ポスチャー（姿勢）と腕の位置

アドレスの姿勢がアスレチックでかつリラックスしていることは、パワフルかつ何度も繰り返せるスウィングを作るのに、とても大きな役割を果たします。体の各部が正しい角度で、きっちり構えられていれば、安定した軸を中心に体をねじったり、ねじり戻したりする際に、よいバランスを保てる可能性が高まります。回転する体幹部を支えるには、足、ひざ、そして太ももで作る安定した土台がとても大切です。

同じく、アドレスでの腕のポジションも大切です。ポスチャーが正しくないと、腕を正しい位置にセットすることが難しく、その逆も同じように難しいのです。

体と腕、両方が正しい構えになるように、次のようなルーティンをおすすめします（鏡の前でチェックしながらやるとより効果的です）。

真っすぐ立った状態で、6番アイアンを「プレイヤーグリップ」で持ち、シャフトが垂直になるように体の前に立てます。腕をリラックスさせ、胸を張りながら肩甲骨を下げていき、両ひじをあばらのわきのところに軽くつけます。足は真っすぐ、両つま先をやや開き、左右の足の親指の幅が肩幅と同じくらいになるようにしておきます。股関節から上体を前傾させ、尾てい骨を後ろに動かして、お尻がかかとの線より後ろに突き出るようにします。太ももの裏とふくらはぎが軽く張る感覚があるまで、クラブは持ち上げたままにしておきます。

この状態では、足の土踏まず付近で地面を踏みしめる感じになり、両足に均等に体重がかかっています。

そこから、ひざを緩めて少しだけ曲げ（曲げすぎに注意）、左腰を左斜め上に少し突き出します（左腰は右腰よりも2〜3センチ程度高くなる）。これにより、背骨は右、つまり、目標から遠ざかる方向に少しだけ倒れます。これは、ドライバーを打つ際には特に重要なので、鏡を使って、シャツのボタンのラインが右に傾いているか確認してください。

最後に、クラブを下げて、地面に軽くソールさせます。腕はリラックスしていて、ひじは軽く曲がっています。クラブをソールした段階では、上半身には力みがなくリラックスしていて、下半身はしっかりと安定感があるという組み合わせになっているはずです。

すべてのクラブで、ボールとの距離を正しく構える方法は、上腕部分が胸と軽く接している状態かどうか、アドレスのたびにチェックすることです。腕がまったく胸に触れていないならボールから離れすぎですし、ひじが胸にピタッとついているようならボールに近づきすぎです。

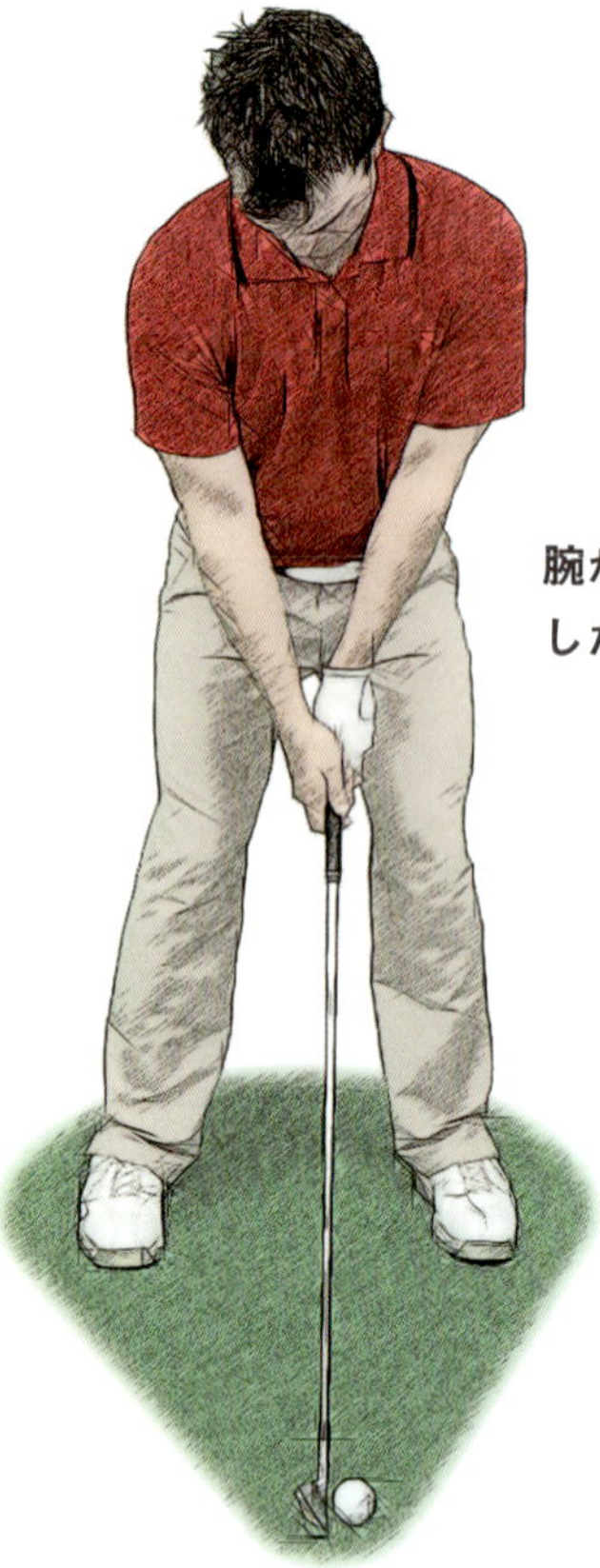

腕がリラックスしたアドレス

クラブをソールさせ、ひざを軽く曲げる

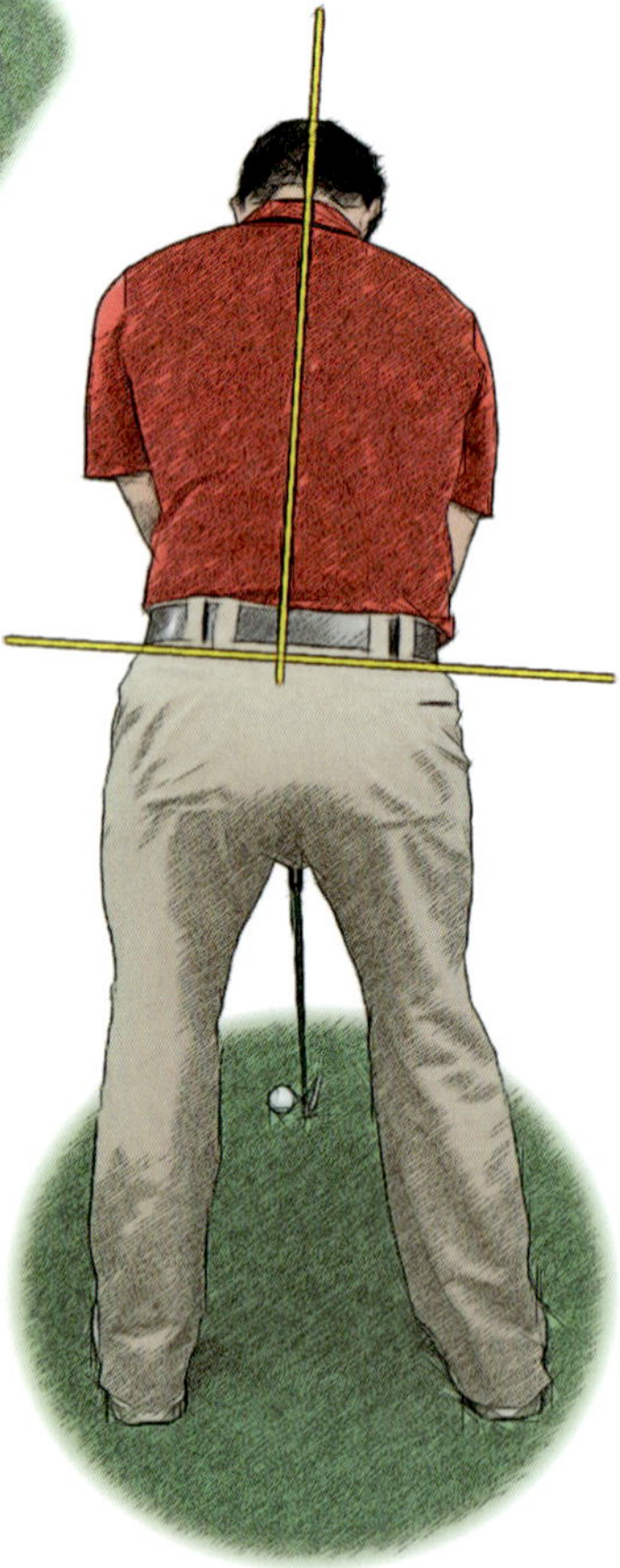

左腰が右腰より高くなり、背骨は目標と反対側に傾く

直立したこの姿勢から、
アドレスを作っていく

股関節から前傾し、尾て
い骨を後ろに動かす

腕の正しい感覚と位置がわかったところで、簡単なドリルを行いましょう。鏡の前に立ち、クラブは持たずに、正しいアドレスのポジションを作ってください。上腕は胸の上に軽く乗るようにしておき、手をだらりと体の前に下げます。

両手の間隔は大体6インチ（約15センチ）くらい離します。そこから手を叩いてみましょう。手を叩いた後の形をよく覚えてください。腕はリラックスしていて、両ひじが少しだけ曲がっているはずです。クラブを持ってアドレスする時も、この時と同じ感覚になるようにします。

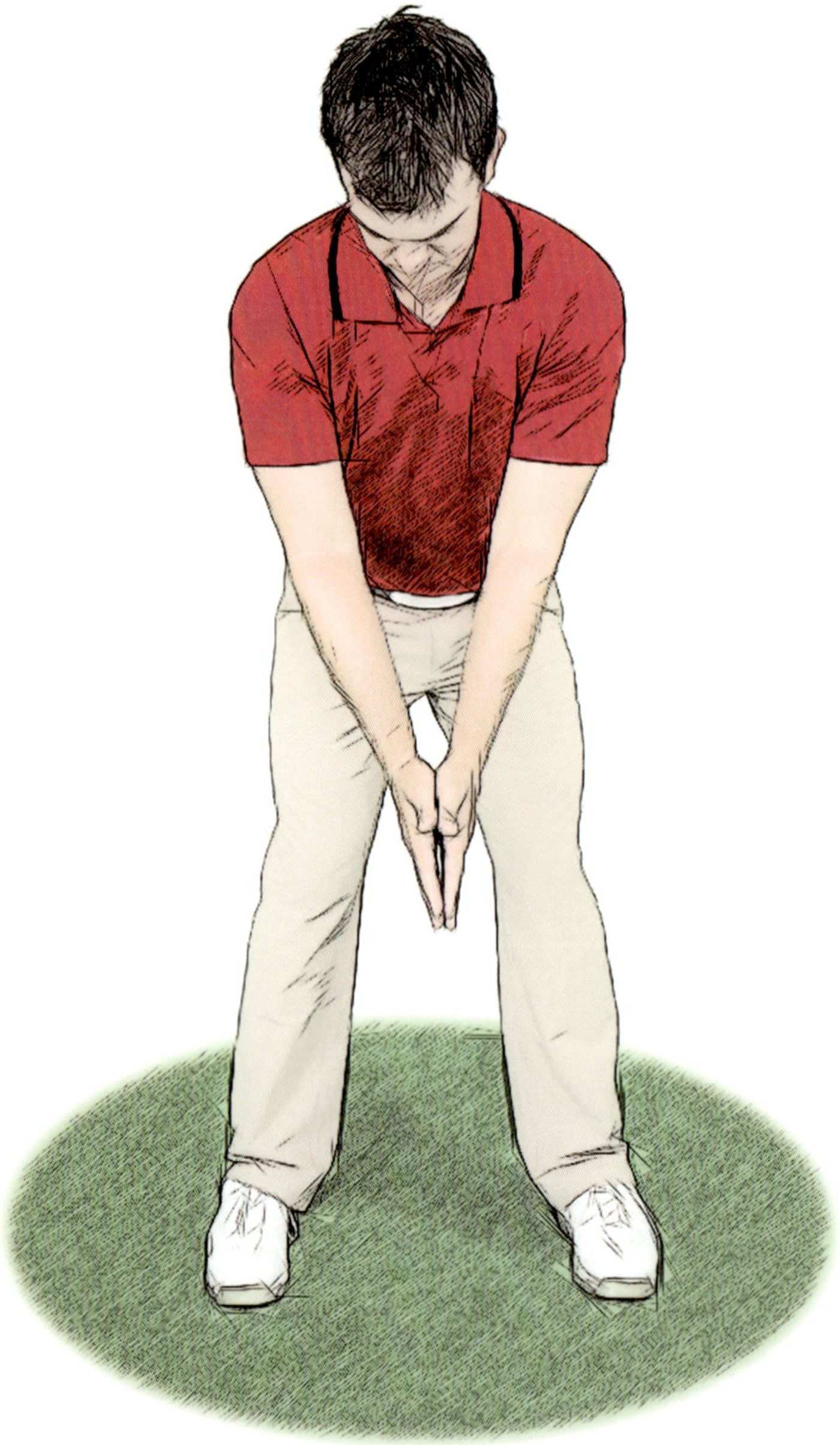

手を叩くと、正しい腕のポジションがわかる

最後にもう1つだけ、やることがあります。また鏡を使いますが、今度は向きを変え、鏡を右側にして立ちます。そこから右の肩越しに鏡を見た時に、力みがなく、右腕が少し下にあり、左腕の一部が右の前腕部より上に見えていることを確認します。そうなっていれば、肩のラインがターゲットに対して平行に構えられているということで、特に「プレイヤーグリップ」を採用する際には、大事なチェックポイントとなります。

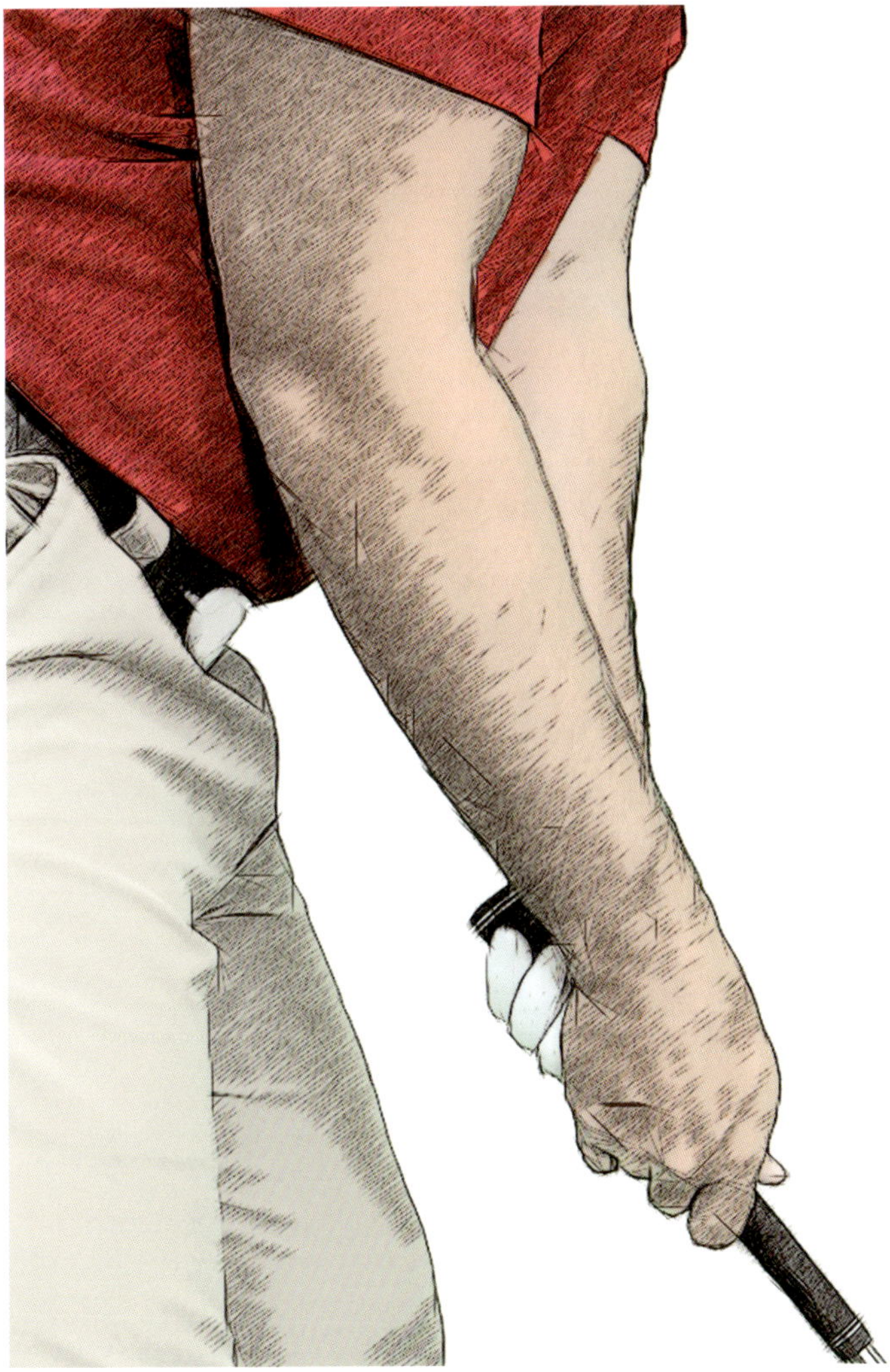

鏡で見ると、左腕の一部が右腕よりも上に見える

ポスチャーと腕の見た目の金言

- 股関節から前傾する。
- 肩甲骨は下げて胸を張る。
- 腕はリラックスする。

アラインメント

すでにお話ししたように、体とクラブを正しく目標に向けて構えることは、簡単ではありません。それは、弓で矢を射る時や、ライフル銃を打つ時のように、体をターゲットライン上に置くのではなく、ボールの横に立つからです。

いつも正しい狙いで構えるコツは、まずクラブフェースを目標に向け、フェースが指すラインと平行で、かつ左側にあるラインに体を合わせて構えることです（左ページのイラストを参照）。

昔からよく使われるイメージとしては、ちょうど電車の線路の上に立つ感じです。片方のレールがフェースの向き、もう片方のレールが体の向きです。

このイメージを使って、足より上の全部（ひざ、腰、肩、それに目のラインまですべて）を、ターゲットラインと平行（かつ左側）にセットできれば、アラインメントは完璧と言えるでしょう。

と、ここまで説明したところで、少しだけ修正を加えたいと思います。

これは「Aスウィング」を完成させる過程でわかったことなのですが、つま先のラインを2～3インチ（約5～8センチ）程度右に向け、足だけが少しだけ目標より右を向く、クローズドポジションがおすすめだということです。

また、すべてのアラインメントの要素の中で、足の向きというのは、最もスウィングに対する影響が少ないということも、指摘しておきます。ベン・ホーガンやサム・スニード、それにボビー・ジョーンズなど、このような形（足だけクローズ）で構える名手はたくさんいます。足だけクローズに構えるメリットについては、次章以降で説明しますので、ここではとりあえず、そのやり方だけ説明します。

片方のレール上でクラブフェースは目標を指し、もう片方の上で体のラインは平行になる

最初に、足のラインも含めて、全部がターゲットラインに平行（かつ左）の、スクェアな構えを作ります。そこから、右足を少しだけ引き、左足を少しだけ前に出します。右足つま先のラインが、大体、左足の靴ひもが始まるラインに重なればＯＫです。必ず、最初にスクェアな構えを作ってから、足を動かしてクローズにしてください。それ以外の部分（ひざ、腰、肩のラインと目線）は、変えてはいけません。

「Aスウィング」では、足だけクローズにする構えがおすすめ

アラインメントの金言

- 最初にクラブフェースをターゲットに合わせる。
- 目線、肩、腰、ひざのラインを、ターゲットラインと平行（かつ左）に合わせる。
- 足の位置を、両つま先を結ぶラインが目標の少し右を向くように調節する。

ボールポジション

ボールをスタンスのどこに置くべきかについては、人によっていろいろな考え方があります。昔から言われているように、ドライバーでは左足かかと付近に置き、クラブが短くなるにしたがって少しずつボールを中に入れていくのがいいと言う人もいます。あるいは、ボール位置は左足かかと付近に固定して、クラブが短くなるにしたがって、スタンスを狭めていくという考え方もあります。

しかし、「Aスウィング」では、ボール位置を3つ設定するのが、いちばん有効だと考えます。アイアンは、インパクトでヘッドを下降させ、ボールの先のターフを取るのが理想的です。これをやりやすくするには、ボールをスタンスのちょうど真ん中か、真ん中より少しだけ目標寄りに置くのがいいでしょう（スタンスの幅はショートアイアンになるにつれて狭まる）。

ドライバーの場合は、ヘッドがスウィングの最下点を通過した後で、わずかに上向きの軌道を描きつつ、ティアップされたボールを横から打ち抜くのが理想ですので、これをやりやすくするために、ボール位置は目標側の足（右打ちの場合、左足）寄りにします。

そして、フェアウェイウッドやハイブリッド（ユーティリティ）では、スウィングの最下点付近でボールをとらえるのが理想です。フェアウェイウッドが上手いプレーヤーには、わずかにディボットを取って打つ人が多いのですが、それでも、ヘッドの入射角が下向きすぎず、上向きすぎないのがよいということは言えます。そこで、ボール位置は、おおよそドライバーとアイアンのボール位置の中間（左足かかととスタンス中央の間）となります。

ボール位置は、2本の棒（ここでは練習器具『アラインメントロッド』を使用）を足元に置くことでチェックできます。棒は、クラブ（シャフト）でも代用できます。2本のうち、1本をターゲットラインと平行に、もう1本はスタンスの幅の中で、最初の1本と直角に交わる形で置きます（これがボール位置を示す）。このやり方で定期的にボール位置をチェックすれば、簡単にセットアップを一定にできます。

そして繰り返しにはなりますが、クラブが短くなるにつれて、スタンス幅は狭くなるということを最後に付け加えておきます。

また、スタンス幅は、「しっかりバランスを保ちたい」といったフィーリングによっても変化しますし、風の影響や、地面の傾斜の度合いによっても変わります。一般的に言うと、ドライバーでは、アグレッシブにスウィングするためのよいバランスが必要であり、そのための下半身の役割も大きいのでスタンス幅はある程度広くする必要があります。ですが、ショートアイアンでは、スタンス幅は狭くなります。

ボールポジションの金言

- 以下の3つから適切にボール位置を選ぶ。アイアンではスタンスの中央、ドライバーでは目標側の足のかかと付近、フェアウェイウッドとユーティリティではその中間。
- 棒（アラインメントロッド）を使って、スタンスとボール位置の関係をチェックする。

アイアンでは、ダウンブローに打ちやすくするため、ボール位置はスタンスの中央付近になる

アッパーブローで払い打つドライバーは、ボール位置を左足寄りにする

フェアウェイウッドとユーティリティでは、ドライバーとアイアンの中間にボールを置く

〝Aスウィングの基礎〟結論

ここまでの、スウィングの基礎を構築する作業が、つまらないと感じている読者もいるでしょう。しかし、スウィングの次の段階を考えると、この基礎部分の重要性をどれだけ強調しても、しすぎるということはありません。基礎とは、鎖の最初の輪です。ツアープロは、定期的に自分の基礎が狂っていないかチェックします。基礎部分にわずかでも狂いが生じると、それによってスウィングに問題が起きること、基礎がプレーの精度を支える土台となっていること、そして基礎はスウィングがスタートする前に作るものだからこそ、ほぼ完璧にこなすのが簡単だということを知っているからです。

よい基礎を築いて、それを維持するには、少しだけ努力が必要です。私がおすすめするのは、定期的に鏡の前で自分のセットアップをチェックすることです。これは本当なのですが、他の練習を一切やらずに、これだけやっていたとしても、プレーはよくなります。

セットアップがどれだけきちんとしているかを見れば、そのプレーヤーがどのくらいの腕前か、ほぼ正確に見極めることができるのです。その点から、これを第7章で紹介する「7分間練習プラン」の第1のドリルとしています。

「Aスウィング」における体の回転運動

Chapter 4

THE A SWING PIVOT MOTION

体の回転運動は、ゴルフスウィングの生命線です。スウィングの核であり、パワーの源でもあります。スウィングを理解し、ボールをコンスタントに芯で打つためには、体の回転運動がどのように起こるのか、つまり、バックスウィングでどう体をねじってパワーを生み出すか、ダウンスウィングではどう体をねじり戻してパワーを解放するか、ということを知ることが大事です。エネルギーを生み出すのは体です。きちんと順序を守って動くことで、それが腕から手、クラブへと伝わり、最後にボールに伝達されるのです。ですから、「Aスウィング」には、体の回転運動をマスターすることが不可欠なのです。

よくある間違い

1・バックスウィングでの捻転の弱さ

バックスウィングで、下半身を踏ん張り、背中の大きな筋肉をねじることができないと、その捻転の弱さを補おうと、ダウンスウィングで手や上半身の使いすぎが起こり、飛距離や正確性に悪い影響が出ます。腰も肩も回しすぎて、ねじれがまったく起きないのは、「回転」(turn, turning) という言葉にとらわれすぎているからでしょう。「捻転」(coil, coiling) という言葉のほうが、「回転」よりはるかに適切です。大きく「回す」ことは、必ずしも「ねじれ」を生むとは限らないのです。ショットメーカーの多くがそうするように、ダウンスウィングでは、下半身が上半身の回転をリードしますが、バックスウィングで十分に体をねじると、正しい順番で体が動きやすくなります。

腰や肩の回りすぎは、体のねじれを上手く作れていないことを示唆している

2・スウィング中に背骨の角度が変わる

バックスウィング、あるいはダウンスウィングで胴体を回転させる際に、著しく背骨の角度が変わってしまう（これにより、頭もそれとわかるほど大きく動く）と、芯で打つのは難しくなります。これは、アドレスでの姿勢の悪さを筆頭に、様々な原因で起こります。スウィング中に、背骨が起き上がったり、前に倒れすぎたりすると、スウィングのバランスが崩れ、手や腕の使いすぎを招きやすく、ショットの精度は落ちます。いつでも繰り返し同じスウィングをするためには、アドレスでできる背骨の角度を、インパクトの瞬間まで保つことが重要で、特にアイアンでは不可欠です（後述しますが、ドライバーの場合は少し異なります）。

背骨の角度が変わってしまうと、ショットの正確性に問題が出る

３・体重移動の不具合

体重移動でいちばん起こりやすい問題は、バックスウィングで体を右に、ダウンスウィングで体を左に揺さぶる「スウェイ」です。次に多いのが「リバースピボット」で、これは通常、バックスウィングでは体重が右サイドに、ダウンスウィングでは左サイドに乗るはずのものが、逆になってしまうことです。スウェイは、スウィング中の横方向の体重移動が多すぎる現象です。バックスウィングで、右足の外側に体重がかかるほど右に動く人もいれば、ダウンスウィングで横方向にスライドしすぎる人、あるいはその両方をやってしまう人もいます。この原因は、胴体の回転が不十分なことが多く、きちんと胴体を回転させると、体重は直線的にではなく、円を描くように動きます。スウェイは、左右方向への頭の動きすぎも同時に引き起こしますが、これにより、さらに芯に当てるのは難しくなります。

リバースピボットは、トップの時点で左足に体重が多く残りすぎているために、その反作用として、ダウンスウィングで体重が右に移ってしまう現象です。多くの場合、頭を動かさない、あるいは顔を上げないことを厳密にやろうとしすぎることで起こります。「頭を動かすな」というのは、長い間信奉されてきたレッスン用語のひとつですが、実は、頭を止めることは、正しい、スムーズなスウィングの妨げとなるのです。適切な体重移動は、スウィングの勢いとパワーの源となるので、特に長い距離を打つショットには欠かせません。

体重移動が多すぎる／「Aスウィング」は、従来のスウィングに比べ体重移動が約15%少なくなる。

バックスウィング、あるいはダウンスウィングにおけるスウェイの例

リバースピボット

バックスウィングでは体重が左に乗り、ダウンスウィングでは右に移ってしまう

4・下半身の安定不足

バックスウィングやダウンスウィングで、足や足首の動かしすぎ、ひざの突っ張りや曲げすぎ、ひざがぐらぐらしてしまう、といったことが起きると、下半身が不安定になります。地面と接地する土台がしっかりしていないと、安定していいスウィングをすることはできません。足元と下半身は、バランスを保ち、パワーとコントロールを生み出す源なのです。

不安定な下半身の例

右ひざが突っ張り、左足と左ひざが動きすぎている

体の回転運動の構築

「Aスウィング」における体の回転運動の習得を、よりわかりやすくするため、動きを3つのセクションに分けて説明していきます。

セクション1はバックスウィングでの動き、セクション2はバックスウィングからダウンスウィングへの切り返しの動き、セクション3はダウンスウィングからフォロースルー、フィニッシュにかけての動きです。各セクションの動きを別々に練習・習得した後で、それぞれをつなげて、連続した1つのスムーズな動きにしていきます。

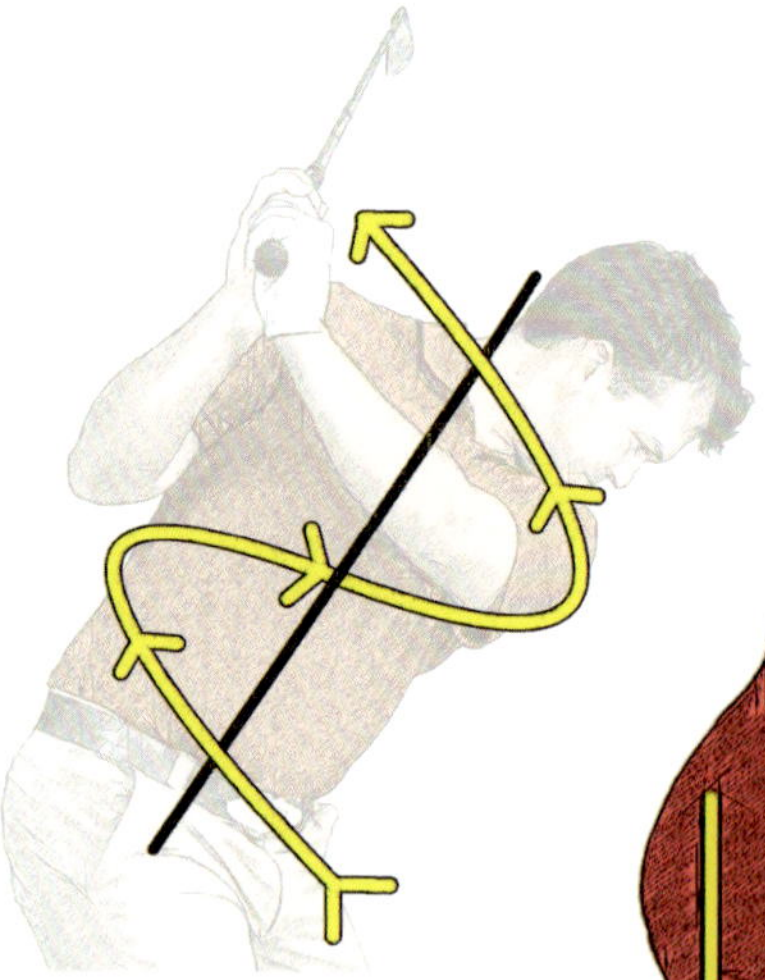

背骨を中心とした
らせん回転

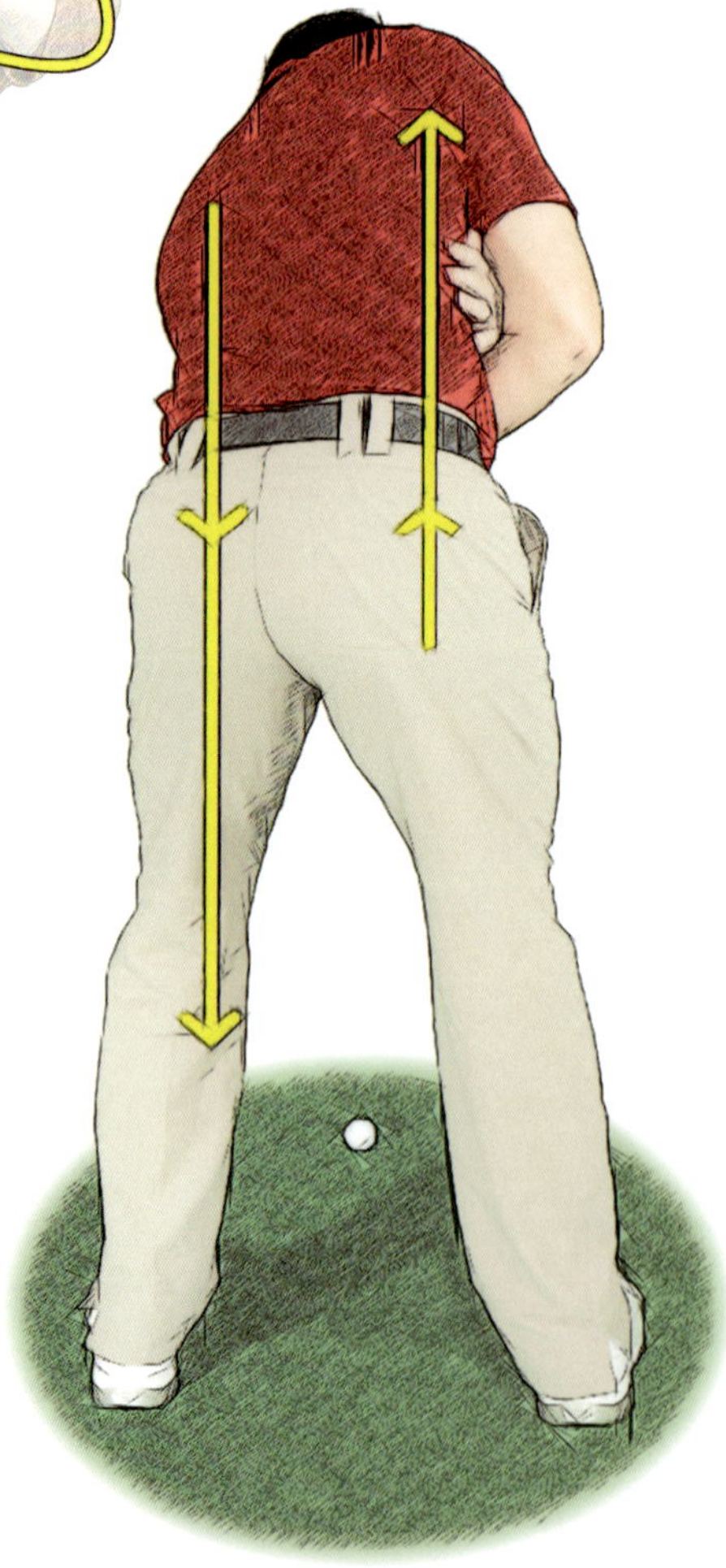

らせん回転では、右サイドが伸
び上がり、左サイドが低くなる

ピボットドリルはこの姿勢からスタート

体の回転運動のスタートはお腹で

最初に、前の章で説明した、しっかりとしたポスチャーを作ります。腕を組んで、お腹のあたりの体幹部を、自分で抱きかかえるようにします（このドリルではクラブは必要ありません）。それぞれの手で、体の反対側を触っている状態です。

前章で少しだけ説明したように、両足は肩幅と同じくらいに開き、仮想のターゲットに対して少しだけクローズドスタンスにします。右足を少し引き、右つま先と、左足の靴ひもの下端を同じライン上に合わせることで、体の回転運動がやりやすくなるのです。

少しだけクローズにすることで、バックスウィングで右腰を楽に後ろに引けるようになり、体を十分に回しやすくなります。また、ダウンスウィングのスタートにおいて、腰が目標よりもわずかに右側に向かってスライドすることをうながします（これは、切り返しにおいて非常に重要なポイントとなります。俗に『スピンアウト』と呼ばれる、腰が早く開きすぎる問題を防いでくれます）。足が正しくセットできたら、体の回転運動の３つのセクションを学ぶ準備は完了です。

体の回転運動 Section 1

体の回転運動の初期段階の重要性は、特に強調したいところです。

ここでは、体幹にあるインナーマッスルを総動員して、お腹から動きをスタートさせてください。最初に胴体に手を回して構えているので、腹部の動きを感じられるはずです。単に腰が回転するのではなく、腹部がねじれるということが重要です。これにより、最初から強いねじれを作ることができます。

バックスウィングの主要な動きは、まず体幹深部から始まり、濡れタオルをしぼるように、ねじれのエネルギーが、らせん状に上半身に伝わっていきます。体幹の動きと連動して、左肩が下がり、右肩は上がります。この肩の傾きはまた、右腰を引き上げる動きと、左腰が下がる動きとセットになっています。右サイドが伸び上がり、左サイドが低くなることで、肩を正しいプレーンの上で回転させることができ、バックスウィングが完了するまでに、下半身を踏ん張りつつ、背中の大きな筋肉を強くねじることができるのです。

スウィングの動きには、当然「回転」の要素は含まれているのですが、単に回転するというより「ねじる」「巻き上げる」あるいは「らせんに動く」といった言葉のほうがぴったりくることを忘れないでください。

これらの言葉のほうが、正しい動きを強く想起させるはずです。

覚えておいてほしいのは、回転がねじりをともなわないことはあっても、ねじりに回転がともなわないことはないということです。体の回転運動の初期動作の順序は、以下の通りです。

- **お腹、あるいは体幹によって動きがスタート。**
- **左肩と左腰が低くなり、右肩と右腰が高くなる。左ひざは内側に寄る。**
- **右足の真上で、胸と背中の大きな筋肉を巻き上げる。**
- **右足かかと、右ひざ、右大腿四頭筋に負荷を感じる。**
- **体の右サイドが持ち上がり、左サイドが低くなるのを感じながら、上体を完全にねじる（らせん回転）。**
- **両足が地面にねじり込まれるような感覚になり、安定した土台ができる。**
- **頭の位置は真ん中からほぼ動かない（あごは回転してもよい）。**
- **上半身のねじれは下半身のおよそ2倍になる。例えば、肩がおよそ90度回るとすれば、腰の回転は45度程度になる（柔軟性の違いによって具体的な数字はまちまちとなる）。**

ここまでの動作を覚えたら、鏡を使って自分の動きをチェックしてみてください。上半身が完全にねじれ、右サイドに十分に体重が乗った状態では、上半身の背中側のラインは垂直ではなく、長いクラブほど、目標と反対方向に傾きます。

体の回転運動のセクション1は、どこが、何によって動かされるかということがすべてです。どう

体幹にあるインナーマッスル／腹横筋、腹斜筋などがこれに当たるが、具体的にどの筋肉を動かすというよりは、お腹の筋肉を総動員して体幹深部からねじれのエネルギーを伝えていくことが大切なのだ。

しても肩や腰の回転に目がいきますが、実は、最初に動く部位（体幹部の筋肉）がスウィングを正しくスタートさせるには重要なのです。セクション2やセクション3の動きは、セクション1の動きに反応して、順番に起こるだけです。したがって、体の回転運動の後半をオートマチックに順序よく行うには、初期動作の正しい感覚をつかむことが不可欠なのです。

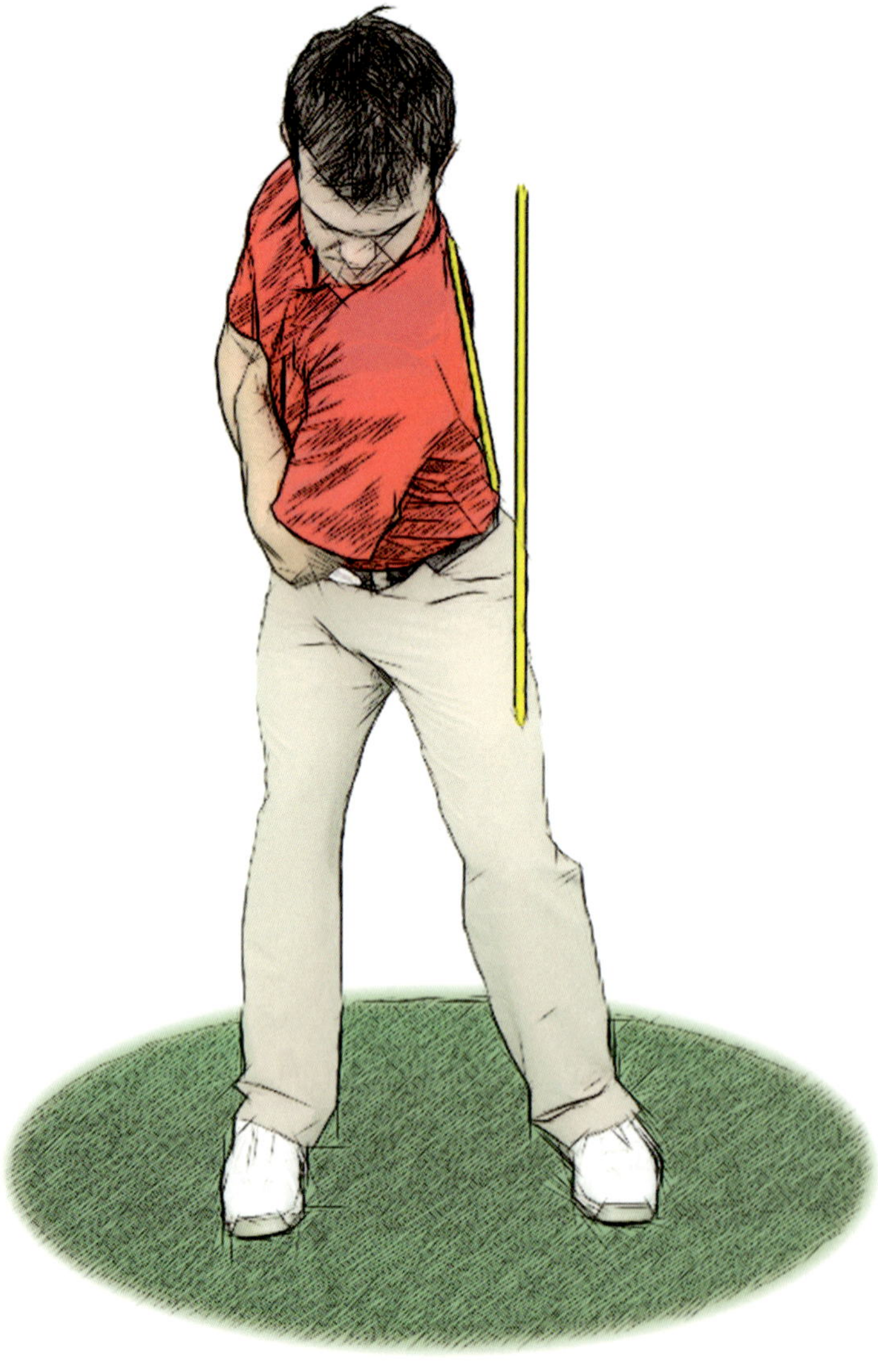

上半身の後ろ側のラインは、地面に垂直な線にはならない

体の回転運動 Section 2

上手いプレーヤーに共通する特徴として、バックスウィングからダウンスウィングへの切り返し動作がよいことが挙げられます。スローモーションで見ると特によくわかりますが、正しい切り返しの動きは非常に力強く、ボールをしっかり打ち抜くのに不可欠です。

切り返しのほんの一瞬、体は同時に2つの方向に動いています。下半身（腰、ひざ）が目標方向に動くのに対して、上半身（胸、肩）と腕、それにクラブはまだバックスウィング方向に動くのです。

この動きが起きるために、上手いプレーヤーのスウィングは、トップで一瞬止まるように見えます。この方向転換は、非常に力強い動きで、体のねじれを一気に高めます。セクション1で説明した通り、肩の回転は腰の回転の約2倍になります。仮に、肩が90度、腰が45度回るとすると、両者の回転の差は45度です。切り返し動作が力強く行われると、肩と腰の回転差はさらに大きくなります。おそらくはあと15度～20度程度、つまり切り返しの方向転換によって、45度だった肩と腰の回転差が60度程度には大きくなるということです。

上半身がまだバックスウィングをしている間に、下半身を目標方向に向かって動かすことができると、そこから放たれるボールの勢いの強さに、きっと驚くことでしょう。この一連の動作は、動きの「シンクロ」にとって最重要となるので、決してあわてることなく、スムーズに行われなければなりません。ちょうど、野球のバッターが、投球に反応して下半身を踏み出す時に、上半身はまだねじり続けていて、バットが体から遠ざかるのと同じです。そこにゴムがあるとしたら、縮んで戻る直前に、もうひと伸ばし加える感じとなります。

肩と腰の回転差は45度になっている

上体がまだバックスウィングをしている間に、下半身がダウンスウィングに入ると、肩と腰の回転差は元々の45度から60度にまで大きくなる。こうなれば力強い動きとなる（注：切り返しの時点で、肩も元々の90度から80度程度まで、いくらかは巻き戻される）

切り返しの力強い動きを習得するには、根気強く練習を重ねることが必要です。体の回転運動のドリルを、地道に続けることでしか、この動きは身につきません。このドリルで動きを習得するにあたり、最初のうちは、トップで一度止まってから、目標方向への動きをスタートさせるのがいいでしょう。しかし、最終的にはバックスウィングとダウンスウィングの動きを上手く融合させ、一部がまだバックスウィングしている間に、一部ではダウンスウィングが始まるようにしなければいけません。もし、柔軟性が足りずに、肩と腰の回転差を十分に作れないとしても、それは気にする必要はありません。切り返しが始まった時点での回転差がどの程度であれ、それより回転差を大きくすることはできるからです。それこそが、切り返しの最重要事項となります。動きの順序は、以下の通りです。

- **トップでは右足かかとに体重がかかり、上半身にねじれを感じている（トップで動きを止めることなくドリルを行う段階になっても、下半身が目標方向に動き出す時点では、上半身のねじれを感じている必要がある）。**
- **左腰をターゲット方向にスライドさせることで、下半身の動きをスタートさせる。**
- **背中が目標を向いているのを感じながら、肩や左腰を目標の右に向ける。**
- **左足つま先と左足内側に徐々に体重がかかっていき、右足から左足に体重が移る。この段階では、右足かかとにもまだいくらか体重が残っていて、右足裏全体が地面に「接地した」状態。**
- **体重が左に移る際に、背骨と頭は少しだけ目標方向にずれてもよい。**
- **左肩から左ひざにかけて、体の左サイド全体が低くなり、地面に押し付けられるような感覚を持つ。**

切り返しの動きは一瞬であることを意識しながら、セクション2の練習を繰り返してください。右足かかとと、左足つま先の両方に、体重がかかるのを感じながら行うというのが、重要なポイントです。

上体がまだバックスウィングをしている間に、下半身がダウンスウィングに入ると、肩と腰の回転差は元々の45度から60度にまで大きくなる。こうなれば力強い動きとなります（注：切り返しの時点で、肩も元々の90度から80度程度まで、いくらかは巻き戻される）。

体の回転運動 Section 3

ねじった体をターゲットに対して完全にねじり戻すというのが、体の回転運動の最終段階です。この部分は一瞬の出来事ですので、切り返しのところから、以下の手順に従ってください。

- 腰を回し切って上体の動きの邪魔にならないようにし、左足つま先にかかっている体重を、かかとに移動させる。
- 右足を左に回転させ、つま先の内側に圧力がかかるようにする。
- 体の左サイド（骨盤、腰、肩）が回り切って、上に伸び上がるのと同時に、左ひざが伸びるのを感じる。バックスウィングで起こることとちょうど左右反対。
- アドレスでできた背骨の角度は保ったまま、左腰を回し続け、右肩が下がりながら前に回っていくのを邪魔しないように、左肩を開いて回す。この段階では、右サイドが動きの主役となる。インパクトエリアでは、左腰はほとんど開き、左肩もやや開いていて、アドレスのスクェアな位置をかなり通り過ぎている。
- 目標に対していちばん近い部位が右肩になったところで、体をねじり戻す動きが完了する。
- フィニッシュでは、バランスがとれて、両ひざが軽く触れ、右足がつま先立ちになった状態で、腰は完全に回り切っている。このポジションから、目標に向かって難なく歩き出せる感覚がある。

インパクトゾーンでは、背骨の角度は保たれる。腰と肩が開き、右肩は下がりながら回転する

左ひざが伸び、体の左サイドが伸び上がる

フィニッシュのポジション
からは、目標に向かって歩
き出せるように感じる

バランスのとれた体の回転
運動が完成

本書のイラストを参考にしながら、動きを3つのセクションに分割して練習することで、正しい体の回転運動がどういうものか、短期間で理解できると思います。それぞれのセクションの動きが簡単にできるようになったら、それらを滑らかに連続した1つの動きに統合し、無意識にできるようになるまで練習してください（目を閉じた状態で行うと、習得のスピードがアップするのでおすすめです）。

腕もクラブも介在せず、ボールを打つ必要もないため、動きの習得がとても簡単になります。習得した動きを、第三者が見れば、バックスウィングでのねじれ、ダウンスウィングでの下半身からのねじり戻し、バランスのとれたフィニッシュなど、すべていいスウィングに帰結する要素が、順序よく起こっているのがわかります。

身体的な制約によって完全に体を回し切れないケースについては、少しだけ触れましたが、「Aスウィング」は回転が不十分だとしても役立つものです。筋力や柔軟性が足りないせいで、完璧なスウィングができないとは思わないでほしいのです（とはいえ、筋力や柔軟性の改善に役立つエクササイズを、7章で紹介します）。

「Aスウィング」は、個人の身体的能力に関係なく、すべてのゴルファーに役立つように考えられたもので、適用の許容範囲はとても広くなっています。動きをどれだけ大きくするかは問題ではなく、実際にできる動きのバランスが保たれているか、よくねじれているか、リズムよくできているかということが大事なのです。

完成した体の回転運動

イラストのようにお腹に手を当てながら、体を回転させてみよう。バックスウィングでのねじれ、ダウンスウィングでの下半身からのねじり戻し、バランスのいいフィニッシュなど、スウィングの重要な動作が体感できる。目を閉じて行うのもよいだろう

バックスウィングの回転で、左足かかとは浮くのかどうかという質問をよく受けます。理想的には、地面についたままのほうがよく、そのほうが、考えるべき要素がひとつ減ります。ただし、柔軟性不足の人や、体の動きから生み出されるパワーが足りないと感じている人、それによって、ヘッドが走らない、飛距離が出ないという人は、次のようにしてください。

バックスウィングで左足かかとを少しだけ浮かせ、その代わり左ひざをしっかり安定させ、ぐらぐらさせないようにします。

このやり方なら、上半身のねじれに対する、下半身の踏ん張りは維持できます。ダウンスウィングに入ってからは、左足のつま先に体重がかかる段階で、再びかかとを地面に下ろします。かかとを下ろすのは、体重が左足つま先からかかと側に移る段階より前でなければいけません。そうすることで、ヘッドを加速させるエネルギーを、余分に得られるでしょう。

体の回転運動はスウィングの基礎です。これが、次の章で学ぶ内容と組み合わさった時、「芯でボールを打つのがこんなに簡単だなんて」と驚くはずです。この体の回転運動のドリルを続けていると、そのうちに、柔軟性や回転スピード、スウィングの持続性が、自然に高まるというメリットがあります。これ自体が、ちょっとしたエクササイズでもあるのです。実際、このドリルは、7章で紹介する6つの練習プランのうちの1つにもなっています。

体の回転運動の体内感覚

ここまで、どうやって正しい体の回転運動を実現するかということに、多くの説明を費やしてきました。しかし、私の経験上、ゴルファーにとって技術的に理にかなった動きを作り上げるのには、それほど長い時間は必要ありません。体の回転運動の内的感覚をさらに強化するために、いくつかの生体力学的なイメージとドリルを紹介します。

●体の回転運動の3つのセクションの動きをひとつに融合する際、腰が「8の字」を描いて動くのをイメージする。バックスウィングで、右腰が上に上がりつつ、後ろに引かれ、切り返しのスタートで、左腰が目標よりやや右方向に向かってスライドし、ダウンスウィングでは、左腰が上に上がりながら回る。最後に、右腰がフィニッシュの位置まで回る。このイメージと関連付けて、体重移動を行う。バックスウィングで右足かかとにかかかっている体重を、切り返しで左足つま先に移し、フィニッシュでは左足かかとにかける。

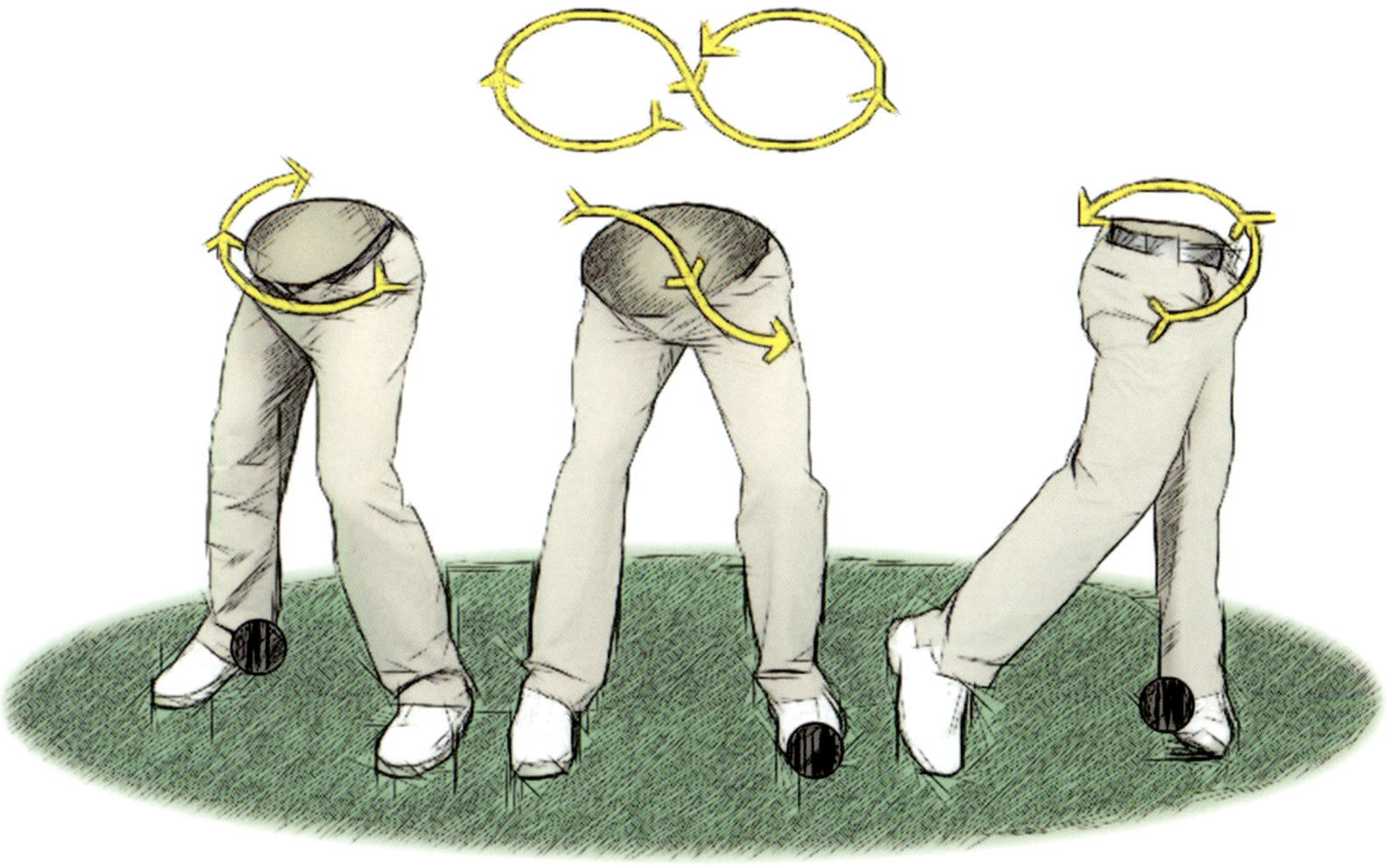

体の回転運動では、腰が「8の字」を描くように回転するイメージを持つ。また、地面に対する圧力は、まず右足かかとに徐々に集まり、次に左足つま先、最後は左足かかとへと移る

これはスウィングの安定性とパワーのカギとなる動きですが、J・J・リベットはこれを、何年も前に発見し、「足の接地パターン foot grounding」と呼んでいます。今では、多くのティーチングプロが、正しい下半身の動きを説明するのに、この理論を採用しています。

●バックスウィングの体の回転運動では、体の右サイドが伸び上がるのと同時に、体幹部はらせん状にねじれる。この時の、肩の正しい動きを感じるには、次のエクササイズを行う。アドレスの姿勢で立ち、両腕を体の横に、手はももに置く。右の肩を左の肩よりわずかに低くし、実際のアドレス同様、背骨を少しだけ右に傾ける。ひざと足元は安定させたまま、ピストンが上下するように、左手をももにつけたまま下に、反対の足で右手を上にスライドさせる。この時、左サイドが低くなり、右サイドが高くなる感覚がある。同時に体幹内部で、中心部から上に向かってらせん状にねじられ、巻き上げられる感覚があれば、体幹の筋肉がきちんと使えている証拠となる。トップで捻転が完了した状態では、胸が開き、背中の上部にも張りを感じる。また、左のひざは、右のひざよりも低くなっている。左腰も右腰より低く、左肩は右肩よりかなり低くなっている。このドリルにより、上半身は、元の状態に戻ろうとするだけで、ダウンスウィングで行われるべき動きを再現できる形となる。

●骨盤の動きを安定させることで、背骨の角度（上体の前傾角度）をインパクトまで保つことができるが、このイメージをつかむには、体の回転運動のドリルを、壁に尻をつけた状態で行う。バックスウィングをしたら、切り返しの部分では、右の尻を壁につけたまま左に数センチ滑らせる。これにより、右足が左足よりも前に出るのを防ぐことができる。右足かかとにも軽く体重を残しつつ、左足つま先に強く体重をかける。続けて、ダウンスウィングからフォロースルーへと進み、体を回転させる。この段階では、左の尻が再度、壁に触れ、左足かかとに体重がかかる。これは、体の回転運動のメカニズムを理解するのに、非常に適したドリルとなる。

バックスウィングの回転運動のイメージをつかむには、ピストンのような動きで、手をももの上で上下にスライドさせるとよい

体の回転運動の金言

- ●バックスウィングでは体幹の筋肉を使って、動きをスタートさせる。左肩が下がり、右肩が上がって、上体がらせん状にねじれる。体重は右足かかとにかかる。
- ●ダウンスウィングへの切り返しでは、体重が左足つま先に移る。
- ●背中を目標に向けた状態を維持しながら、腰を目標より少し右に向かって、斜めにスライドさせる。
- ●左足かかとに圧がかかるのを感じながら、左足の上で体をねじり戻していく。
- ●体の回転運動は、ねじり上げ、横にスライドし、ねじり戻すものだと考える。
- ●バックスウィングでは、体の右サイドが伸び上がり、高くなる。同じことが、ダウンスウィングからフィニッシュにかけて左サイドに起こる。
- ●3つのセクションを個別に練習し、それから全部を1つの力強い動きに統合する。

体の回転運動・結論

実際にクラブを持ってスウィングする際にも、究極的には、ここで行ったピボットドリルと同じ見た目、同じフィーリングであることが求められます。体の回転運動は、スウィングにおいて、主役でなければいけません。腕や手がスウィングの主導権を握った途端に、ドリルと同じように動くことはできなくなります。腕や手、それにクラブは、体の回転運動を補完するものであって、支配するものではないということを忘れないでください。体の回転運動は、スウィングのパワーやエネルギーを生み出すだけでなく、速度（ペース）やテンポもコントロールします。体の動きによって、腕やクラブのスピードを操ることができれば、ショット精度、スウィングの繰り返し精度ともに上がります。レッスン用語の「大きな筋肉を使ってスウィングする」とは、そういう意味なのです。

「Aスウィング」における腕とクラブの動き

Chapter 5
THE A SWING ARMS-AND-CLUB MOVEMENT

体の回転運動の動きについては、第４章で詳しく説明したので、もう理解されたことと思います。クラブを振ること以前に、体をどう動かせばいいか知ることは、とても重要です。私の言う体の回転運動は決して目新しいものではなく、いいスウィングをするのに体はこう動くべきだという、インストラクターや生体力学の専門家、運動生理学者の共通の見解にすぎません。私は常々、まず体の回転運動を覚え、それにクラブを振る動きを連動させるというスウィング作りが最良だと信じてきました。それは「Ａスウィング」についても同じです。スウィングの要素を分割して習得し、それらを関連付けて効率的な動きに統合するほうが、最初から全部の動きを一気に習得しようとするより、はるかに簡単なのです。

大抵のゴルファーは、ボールがない状態のほうが、体の回転運動の概念を早く理解でき、体も概念通りに動いて、見た目にも自然な動きになります。ところが、その同じゴルファーが、ボールを打とうとした途端に、正しく体の回転運動をするのに苦戦してしまうのです。これは、クラブを振る時にやってしまいがちな、非効率な動作のせいで起こります。スウィング中に腕やクラブが無駄な動きをすることで、体がそれに反応し、埋め合わせ動作をすることで、正しく体の回転運動をすることができなくなってしまうのです。クラブありと、クラブなしのスウィングがまったく違う見た目になってしまうのは、そういうわけなのです。アマチュアに体の回転運動が上手くできない人が多いのも、これが原因です。

結果として、動きの「シンクロ」はすべて失われます。手と腕が、間違ったやり方で体の動きを支配してしまうのです。目指すのは、腕とクラブの動きを、できるだけ効率的で簡単に繰り返せるものにし、体に本来するべき回転運動をさせることです。これを手助けするのが「Aスウィング」です。「Aスウィング」は、体の回転運動を確実に行うための、シンプルな腕とクラブの動きを作ります。

ここからは、アイアンを使って「Aスウィング」の動きを説明していきます。アイアンは、ダウンブローでボールをとらえるのが理想です。しかし、それ以外のクラブでも、特にバックスウィングにおいては、腕やクラブを振る動作自体は同じでなければいけません。例えば、ドライバーでボールをアッパーにとらえられるのは、クラブの長さや、それに応じた正しいセットアップ、ボール位置によるものです。つまり、基本的には1つのスウィングで、すべてに応用が利くということなのです。

よくある間違い

インサイドでフラットなテークバック

腕が体との連動を失う

クラブがターゲットより大きく右を指す、弱いトップのポジション

トップでクラブがレイドオフになる

手と体との距離が詰まり、クラブが行きすぎるバックスウィング

ダウンスウィングで、クラブを急すぎる角度で下ろしてしまう。
ハンディの多いプレーヤーにありがちな問題

クラブがインサイドすぎる位置から、フラットなプレーンで下りる。
ハンディの少ない人に多い問題

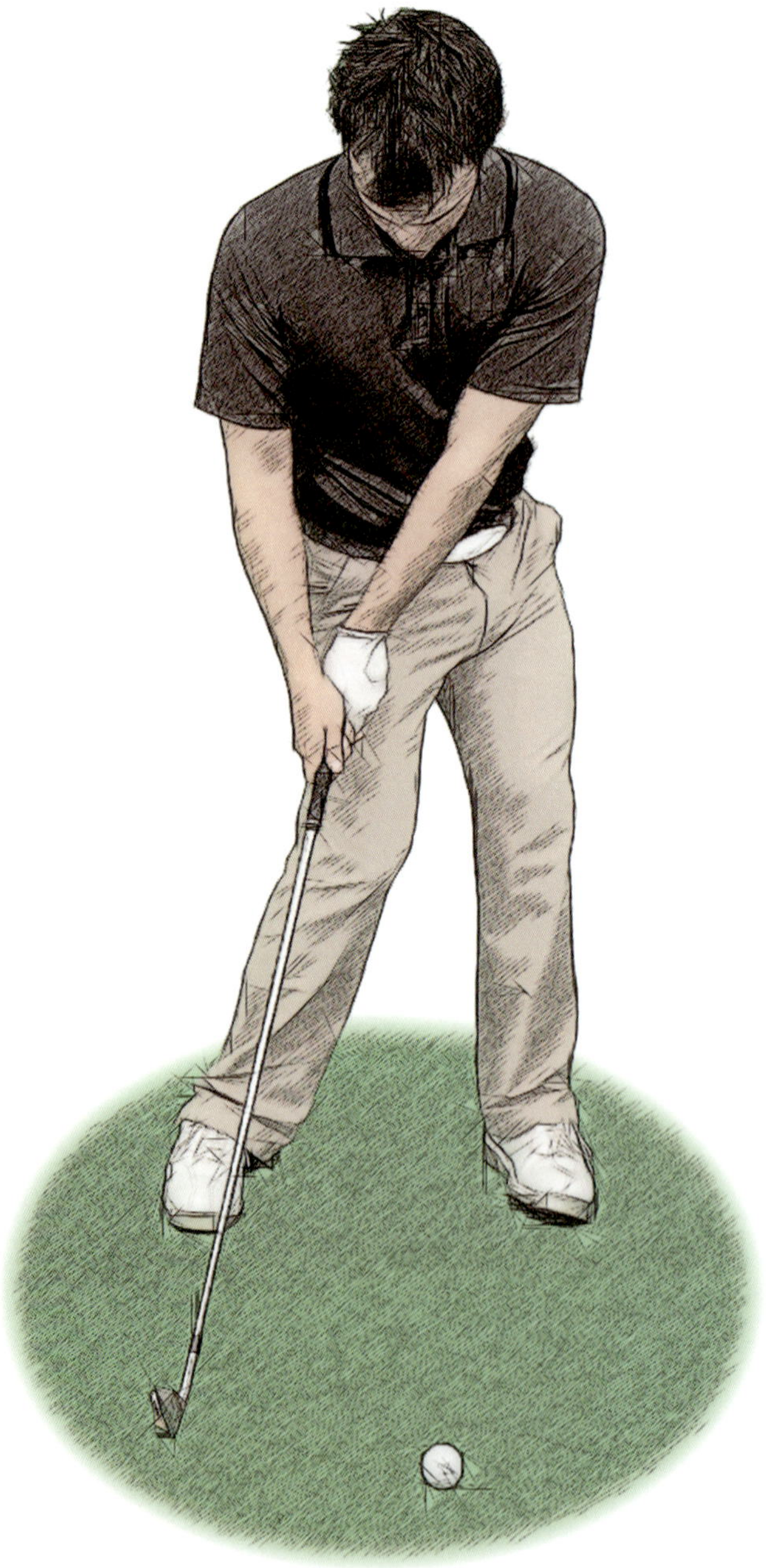

クラブヘッドが、手元を追い越してボールに向かう。
すくい打ちで弱いインパクトとなる動き

フェースをスクェアにするために、手と前腕を回転させる

スウィングの半径が小さくなる

ハーフウェイダウンでフェースがオープン

ハーフウェイダウンでフェースがクローズ

ここで取り上げた間違いのほとんどは、それ自体に間違いの原因があるというより、間違った動きの結果としてそうなってしまいがちなものです。ですから、原因を正さずに、結果だけを修正しようとしても上手くいきません。ありがたいことに「Ａスウィング」は、こうした問題の多くを、自動的に取り除いてくれます。「Ａスウィング」は、腕とクラブを効果的かつ効率的に振るための動きを単純化し、正しい体の回転運動をうながします。また、仮にスウィングに問題が生じた時にも、修正が容易になります。一般的なスウィング理論と比較して、この点が「Ａスウィング」の非常に魅力的なところです。「Ａスウィング」は、問題解決の手段であり、時間短縮のツールでもあるのです。

私は、腕をいつも体の回転運動とシンクロさせて振るためには、バックスウィングでクラブが最も直線的なルートを通り、できる限り最短距離でトップまで上がるのがいいと考えます。そうすることで、体の回転運動が完了するのとほぼ同じタイミングで、クラブがトップに到達するからです。

言い換えると、体と腕（クラブ）の両方が、それぞれの目的地に同時にたどり着くということです。動きのシンクロの問題は、腕とクラブがトップに到達するはるか前に、体（肩、腰）がバックスウィングの動きを終えてしまう、あるいは、腕とクラブはとっくにゴールしているのに、体のほうはまだ道行き半ば、という時に起こります。いずれのケースも、動きのシンクロは崩れます。「Ａスウィング」では、腕とクラブが複雑な動きをしないので、このシンクロが不完全になるリスクも、かなり軽減することができます。

体の回転と腕とクラブの動きがシンクロしていないスウィング

肩や腰はトップの位置まで回転しているが、腕とクラブは途中までしか動いていない

手と腕はトップの位置にあるが、体の回転が完了していない

生体力学の専門家である、J・J・リベットによる分析では、6番アイアンのスウィングにおける、アドレスからトップまでのグリップエンドの平均移動距離が、わずか30インチ（約75センチ）であることがわかっています。これは、従来のやり方によるバックスウィングと比べると、6インチ（約15センチ）以上も短くなっています。移動距離が20％近くも短くなっているということは、「Aスウィング」の効率のよさ、バックスウィングにおける体の回転運動と腕の動きのシンクロしやすさを示しています。ゆえに、ダウンスウィングでも体と腕という2つの要素が、シンクロして下りてきやすいということになります。

※「Aスウィング」で腕の動きがコンパクトになると言っても、ほとんどの場合、特に長いクラブでは、従来のフルスウィングのトップの位置と、クラブの位置の見た目の違いはありません。手首をしっかりとコックして曲げていくことと、体の回転運動が相まって見た目をそのようにさせるのです。

「Aスウィング」の特性は、無駄な動きをそぎ落とすところにあり、バックスウィングにおけるトップまでのクラブの移動距離は、シンクロしたスウィング獲得のための重要事項です。上級者は総じて、バックスウィングで腕とクラブが必要以上に長い距離を移動してしまった場合でも、対応することが可能です。ダウンスウィングで、その人なりのいろいろなやり方で、帳尻を合わせられるからです。しかし、バックスウィングで体と腕のシンクロに問題を抱えている多くのゴルファーの場合は、その結果として、ダウンスウィングでもシンクロが崩れたままです。私たちが行った調査によれば、上級者でも、打球の安定性に問題がある場合、バックスウィングに「Aスウィング」を採り入れることで、全体がより簡単にシンクロすることがわかっています。

「Aスウィング」をニューヨークからマイアミに行くルートに例えると、まずシカゴに向かって、そこで乗り換えるのではなく、ニューヨークからマイアミ行きの直行便に乗るのに似ています。どちらのルートでも、最終的にはマイアミに到着するのですが、乗り換えルートのほうが時間もかかるし、長い距離を移動しなければいけません。要するに、非効率的ということです。必要がないのに、なぜシカゴに立ち寄るのでしょうか。「Aスウィング」においても、同じことが言えます。腕が短い距離で、直線的に動けば、悪い動きが起きる暇がなくなり、体の回転と腕の振りがシンクロする確率がはるかに高まることは、誰の目にも明らかでしょう。

体の回転と、腕とクラブの動きがシンクロした状態でトップに収まる――結果として腕の位置はコンパクトだが、クラブは完全にトップに達している

これから「Aスウィング」をバックスウィングとダウンスウィングの2つのセクションに分けて解説していきます。これは、単に習得を容易にするためで、最終的にこの2つは、よどみなく、1つの動作に融合されなければいけません。バックスウィングとダウンスウィングは、一種の連鎖反応で、いいダウンスウィングができるかどうかは、大部分がいいバックスウィングができたかどうかにかかっています。「Aスウィング」は、その大部分がバックスウィングに関することなので、正しいバックスウィングができるように、かなり詳しく説明していきます。ダウンスウィングは、言うなればバックスウィングに対する反作用です。ダウンスウィングでは、ボールを打つのに、重力と遠心力を利用していて、自分で動かす部分は少なく、いろいろ考えることもありません。スウィング中に何が起きているのか理解してもらうのには、順を追って説明するのがいちばん簡単な方法であり、それが動きを早く習得することにもつながります。では、ステップバイステップでやっていくことにしましょう。

バックスウィング

バックスウィングは、しっかり安定した体勢と「プレイヤーグリップ」からスタートします。ピボットドリルでやったように、お腹（体幹）がターゲットと反対方向に動くのを感じつつ、左の手と前腕をともなない、クラブを少しだけターゲットラインよりインサイドに押し引いていきます。左の手と手首は、アドレスの時と同じで、手首の甲側に、少し角度がついた状態のままです。

お腹（体幹）を使ってクラブを引く

左腕は、胸の下を横切るように、インサイドに動きます。クラブヘッドは、常に手の動くラインの外側にあり（ターゲットラインよりアウトサイドには動かない）、この感覚はトップまでずっと保たれる必要があります。「クラブヘッドが手のラインの外側にある」とはどういうことでしょうか？　それは、陸上競技のトラックをイメージするとわかりやすく、内側の小さいレーンを手が通り、外側の大きいレーンをクラブヘッドが通るイメージです。言い換えると、手は常にクラブヘッドよりインサイド、クラブヘッドは常に手よりアウトサイドにあるということです。目指すのは、トップまで、手とクラブヘッドがそれぞれのレーンを外れないようにすること。この重要なコンセプトにより、バックスウィングでシャフトの角度が急になり、「Aスウィング」独特の見た目をもたらします。

クラブヘッドと手はそれぞれのレーンを動き続け、クラブヘッドが必ず手よりも外側になる。クラブフェースはずっとボールに向いたまま

右腕はトップまでずっと左腕の上にあるようにします。前腕をローテーションさせたり、クラブフェースを開く動きは厳禁です。

右腕は左腕の上に位置していて、前腕やクラブフェースのローテーションはしない

バックスウィングの初期では、できるだけ長く、クラブフェースをボールに向けておきますが、クラブヘッドを手で操作することは避けます。また、最初はクラブフェースがクローズ（シャット）に動くように見えますが、トップまでの間に、ニュートラル（スクェア）な位置に収まります。これは、「プレイヤーグリップ」と、シャフトの急な角度によるものです。

クラブがトップに到達するまでに、クラブフェースは（クラブヘッドが垂れ下がった）ニュートラルあるいはスクェアな位置に収まる

バックスウィングが、3分の1くらいの地点を通過するころから、手首のコック、特に右手のコックをスタートします（『プレイヤーグリップ』がこの動きをうながします）。右手のひらを地面に向けて、手首を曲げていきます。クラブヘッドを手のラインより外側にキープすることを忘れないでください。コックが確実に行われているかどうか確かめるために、「プレイヤーグリップ」の状態が保たれている（両手首の甲側に角度が保たれている）ことを確認してください。

3分の1程度バックスウィングしたところで、手首をコックしていく

バックスウィングが3分の1程度終了したところで、シャフトを見ると、ほぼ背骨の角度と平行になるくらい傾いているはずです。左腕は胸を横切り、きつく押し付けられている感じがします。ここでのシャフトの位置は、伝統的なバックスウィングの反対側（体の正面側）に傾いています。

これは、「Aスウィング」の核心となる部分です。

ここでの違いが、トップまでのクラブの移動距離を短くし、コンパクトなスウィングを作るカギな

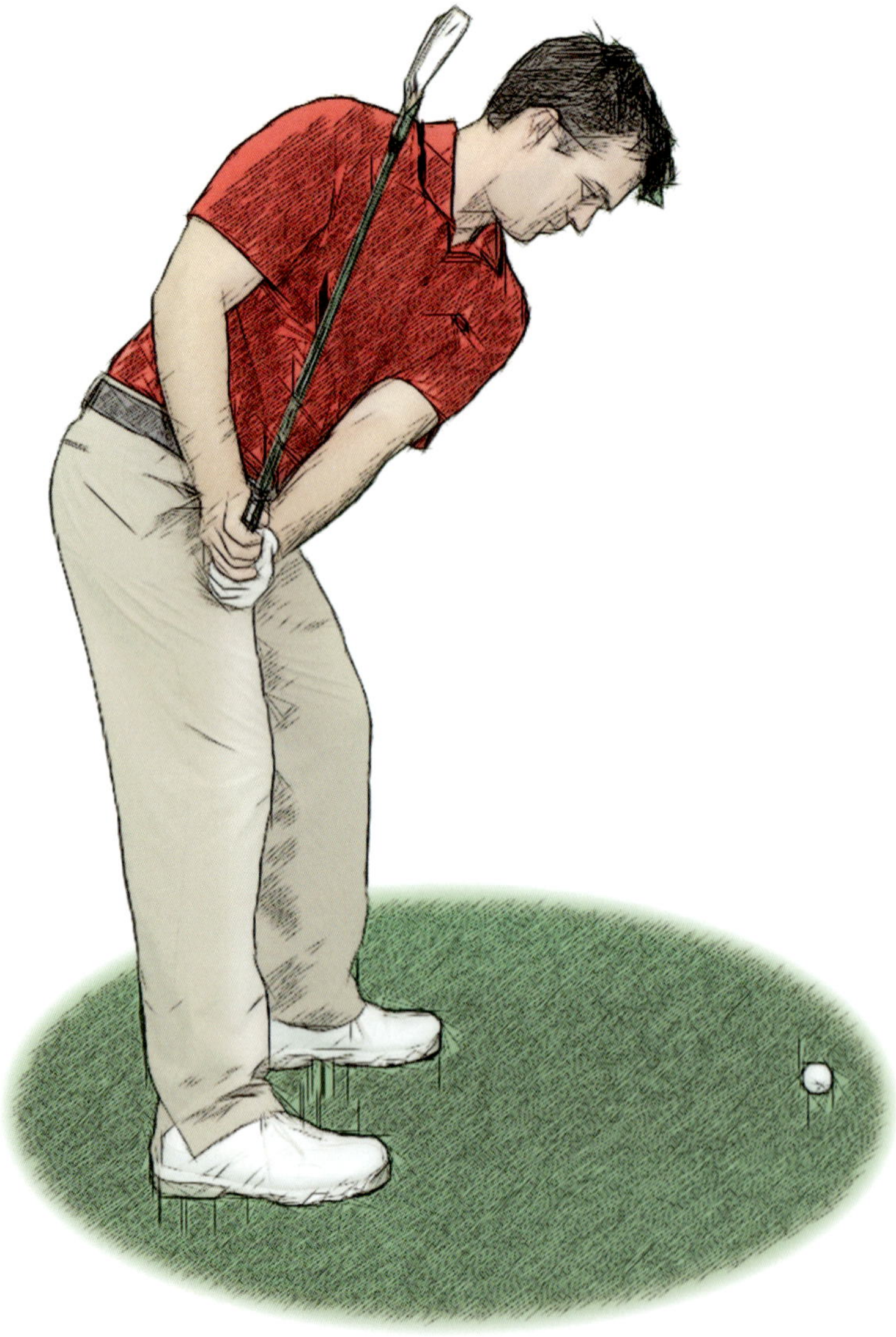

バックスウィングが３分の１終了した時点で、シャフトの角度はほぼ背骨の角度と一致する。左腕は、胸を横切り、きつく押し付けられている

のです。スウィングにおいては、ダウンスウィングのプレーンが最も重要で、多くのゴルファーがそこで苦労しているのですが、シャフトが垂直よりもボール方向に倒れているバックスウィングを採用することは、ダウンスウィングに入りクラブがシャローな正しいプレーン上に下りてくる助けとなるのです。

「Aスウィング」における、ハーフウェイバックでのシャフトの角度は、従来のバックスウィングと劇的に異なる

左腕は、胸にくっついた状態をトップまで維持します。トップで、左腕が肩のラインの下にあること、クラブが少しだけ目標より右を指していること（『Aスウィング』におけるニュートラルなクラブの方向）、「プレイヤーグリップ」が維持されることで、フェースの向きがニュートラルに保たれていることを確認してください。自分でわざわざ左ひじを伸ばしたり、腕を真っすぐにしようとしないでください。左腕には力を入れず、リラックスした状態に保っておくと、正しくダウンスウィングが行われた時に勝手に左ひじが伸び、最も大事な場面、つまりインパクトで真っすぐになるのです。また、トップでは右の二の腕の内側の筋肉で、胸を挟みつけるような感覚も必要です。ここが密着していることで、腕の動く距離が短く、コンパクトになり、ねじれは最大になります。

「Aスウィング」のトップはコンパクトだが、強くねじれている。左腕が肩のラインの下にあり、クラブはわずかに目標の右を向いている

「Aスウィング」のバックスウィングは、従来の考えとは明らかに違っていますが、それこそが重要なポイントなのです。何よりも大切なのはダウンスウィングですが、それがやさしく行えるようなトップの位置に、より簡単、確実にクラブを運ぶことができるやり方なのです。従来のやり方とは違っていても、私がこれまで長い間レッスンしてきた考え方と、大きくかけ離れてはいないことに気づいた方もいるでしょう。

例えば、私は常々、バックスウィングでクラブヘッドは手よりも外側に上がるべきだと思っていま

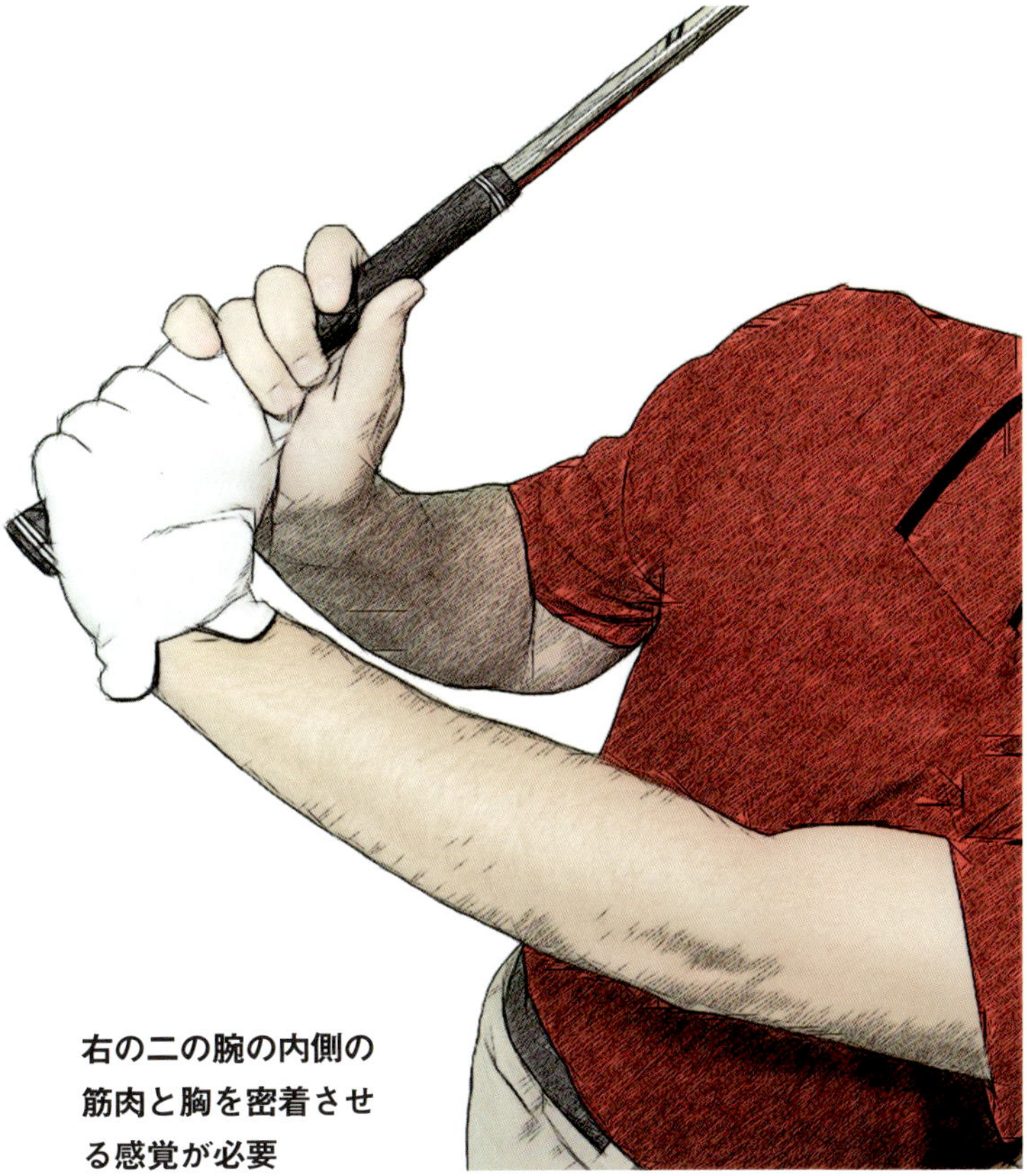

右の二の腕の内側の筋肉と胸を密着させる感覚が必要

したし（ゴルファーが犯す最大の間違いの1つは、ヘッドだけをひょいとインサイドに上げることです）、バックスウィングでのシャフトのプレーンは、ダウンスウィングでのプレーンより急角度である（立っている）べきだと考えてきました（『Aスウィング』では著しく急角度になっています）。また、体を完全にターンさせて、腕の移動が少ないスウィング、つまりコンパクトスウィングは、私がずっと教え続けてきたものです。同様に、体が腕をコントロールする、動きのシンクロしたスウィングについても、私はずっと支持してきました。ですから、「Aスウィング」が、自分の根底にある理論から、遠く離れたところにあるという感覚は、私にはありません。

クラブをローテーション（回転）させないところや、クラブヘッドがトップまでずっと手よりも外側にある感覚などは、これまでの私のレッスンにはなかったものですが、従来の動きを短く、簡素化する方法を追求した結果、そうなったのです。これがつまりマイアミへの、直行ルートなのです!!「Aスウィング」のバックスウィングは、見た目も、感覚も従来のスウィングとは少し違っていて、特に、ゆっくりと素振りした時にはその違いが顕著になりますが、普通のスピードでスウィングするのを見ると、バックスウィングの初期段階でクラブが少しアップライトに動く程度の違いでしかないことがわかります。ビジネスエリアと呼ばれる、ダウンスウィングからインパクトまでの区間では、完全に従来と同じ動きになることは、私が保証します。それではこの新しいバックスウィングがどんな感覚か、次に紹介しましょう。

従来の動きを短く、簡素化／従来のレッドベターのスウィング理論をよりシンプルにし、根幹となる部分を突き詰め、正しいダウンスウィングを行いやすくしたのが、この「Aスウィング」なのだ。

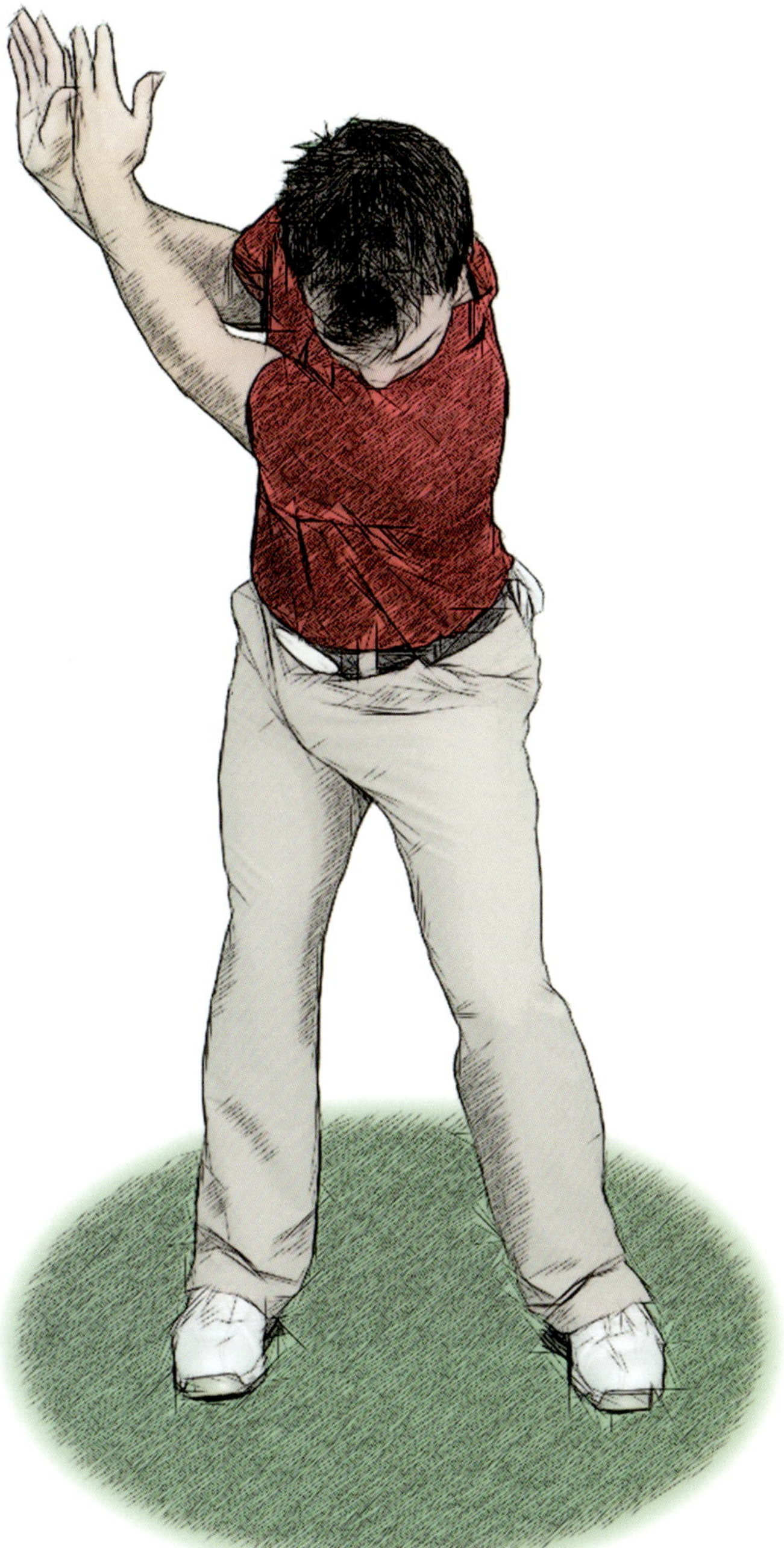

トップまでずっと、両手が
重なった状態をキープ

バックスウィングの感覚

●スウィングの始動はとても重要です。クラブをサッと持ち上げる、ターゲットラインの外側に押し出す、手を回転させてフェースを開く、といった衝動に逆らう必要があります。体幹を目標と反対側に向け、左腕がクラブを後方に押していく時、グリップエンドは低い位置のままで動き、クラブフェースはボールを向いたままです。

●バックスウィングで、手首が正しくヒンジング、あるいはコッキングできていると、クラブを振り上げていく際に、一方の手が押して、もう一方の手が引く感覚がある（左が押して右で引く）。両手の相反する力によって、無理な方向に力がかからず、適正に手首が折れていく動きができるのです。

●体の回転運動が、腕の振りをコントロールするためには、グリップの握りを軽くし腕がリラックスした状態を保たなくてはいけません。スウィングのテンポは、体の回転運動のスピードによって決まります。トップまでのクラブの移動距離が短いので、従来のスウィングに比べ早くトップまで到達しますが、ねじれを最大限に強くして、体と腕の動きをシンクロさせるためには、胴体をゆっくりねじる感覚が必要です。バックスウィングではあせりは禁物です。

●クラブヘッドが手よりも外側に位置したまま（手が内側、クラブが外側）バックスウィングするには、左腕が胸を斜めに横切るようにインサイドに動き、その際、グリップエンドが鋭くインサイドに動かなければなりません。グリップエンドを、右のヒップポケット（ズボンのお尻の部分のポケット）の後ろに向ける感覚を持つといいでしょう。

●クラブヘッドをインサイドに引かず、シャフトを立ててバックスウィングする形を習得するには、壁を背にしてスウィングをするといいでしょう。かかとが、壁から15センチ程度離れるようにして立ち、グリップエンドがインサイドに動くのを感じつつ、クラブが壁に当たらないようにバックスウィングします。※注：バックスウィングのみの練習（ダウンスウィングには不可）。

●私の好きな、感覚をつかむドリルの1つに「プッシュパームドリル」というものがあります。これは、バックスウィングにおける体のねじれ、あるいはコイル動作の感覚をつかむのに最適です。まず、左腕が右腕の上になるように腕を重ね、その際、左右の手の甲同士がくっつき、手のひらは、それぞれ反対方向を向くような形にします。そして、体幹を使って、体の右サイドを伸ばし上げつつ、バックスウィングの動きを再現します。上半身の捻転が完了するまで、クロスした手の形をキープし、右腕が左腕より高い位置になるように保ちます。十分に体がねじれたトップの状態で、数秒間静止し、ねじれの感覚をつかみます。体はねじれ、腕はリラックスしています。（133ページのイラストを参照）。

●「ブーメラントレーニングエイド」（『Aスウィング』のトレーニング器具）、またはパターカバーを、右のわきの下に深く入れて挟み、それを落とさないようにして、バックスウィングをします。トップでは、右の二の腕の内側の筋肉が胸に押し付けられる感覚があります。わきの下にものを挟んだまま行うことで、腕だけを持ち上げることが不可能となり、体のねじれをより感じることができます。挟んだ物を落とさないように右ひじを体につけてはいけません。腕の付け根だけが胸と付いているのです。

多くのゴルファーにとって、正しいポジションを感覚でとらえるほうが、長々と言葉で説明されるより簡単なので、こうした感覚的なドリルを採り入れるのは、動きの習得に効果的です。ここで得られる「感覚」は、実際にコースに出た際にも使えるものです。

バックスウィングの金言

- バックスウィングの間ずっと、グリップエンドが内側、クラブヘッドが外側になる。
- バックスウィングの初期では、クラブフェースがずっとボールを向いた状態にする。
- 左腕は、胸を横切るようにして上げる。
- シャフトが垂直よりも前に倒れるのを感じる。
- 右腕はずっと左腕より高い位置にある。
- バックスウィングが、3分の1程度進んだら、手首のコックを開始する。
- 腕のスウィング（移動距離）が短く、トップでクラブが目標よりやや右を向くのを感じる。
- 右の二の腕の内側の筋肉を、胸に押し付ける。
- 両手の手首甲側の曲げ角度（プレイヤーグリップにすることでできる）を保つ。
- 左腕は終始リラックスさせ、トップで肩の高さより上に上げない。

バックスウィングの結論

ここで頭に入れておくべき重要なことは、この章で説明したバックスウィングにおける体およびクラブのポジションは、すべて、ダウンスウィングをより簡単に、繰り返し行えるものにすることを意図しているということです。スウィングにおいては、ダウンスウィングのほうがより重要で、そこではより体の動きが主体となります。最初のうちは、「Aスウィング」のバックスウィングに違和感があるかもしれませんが、すぐに慣れるでしょう。野球のバッターは、ボールがピッチャーの指を離れる瞬間まで、バットをほぼ垂直に立てています。それが、力の出るポジションにスムーズに移行できる自然な位置だからです。バットを地面に平行になるように寝かせて、ピッチャーの投球を待つバッターはまずいないでしょう。最初は垂直に立てているバットを、体のねじり戻しとともに、シャロー

（注）な角度にしていきます。これと同じことが、まさにゴルフのスウィングでも必要なのです。

「Aスウィング」のバックスウィングは、決してやりすぎることがない、というのが非常に優れた点です。仮に、「Aスウィング」の動きを、１００％できていなかったとしても、ショットは改善します。ほんの少しの改善があると、それによってスウィング効率はさらに上がり、動きのシンクロがよくなり、ショットの安定度は増します。つまり、「Aスウィング」は取り組むほど、いいプレーができるということなのです。

（注）シャロー（shallow）＝意味は「浅い」ですが、ゴルフスウィングにおけるシャローとはsteep（急な、切り立った）に対するものとして使われます。steepはシャフトが立っている状態であり、対してshallowは、それよりも「寝ている」「平らな」状態を意味します。しかし日本語の「寝る」「平らな」はshallowとは異なる意味もあるので本書ではshallowを生かしそのまま「シャロー」と表現します。

右わきにものを挟み、その状態のままバックスウィング。腕を持ち上げるのではなく、上体をねじることでバックスウィングを完成させる感覚がわかる

「Aスウィング」のバックスウィングに関する"よくある質問"

Q. バックスウィングでのクラブフェースの向きがクローズすぎるのでは?

シャフトを立てて上げていくことで、トップはニュートラルなポジションに収まる

A・スウィング始動時は確かにそう感じられますが、シャフトが縦になって上がっていくために、トップではクラブがニュートラルな位置に収まります。重要なのは、この点だけです。バックスウィングでは、基本的にシャフトやクラブフェースのローテーションを行いません。「Aスウィング」はダウンスウィングで、シャフトとヘッドを正しい位置に導くことを意図して作られているのです。

Q・ハーフウェイバックでのシャフトの角度は、アドレスの時のシャフトの角度と一致するのが正しいと思いますが、「Aスウィング」ではそれとほぼ反対の傾きになっています。これでは、角度が急すぎるのでは？

A・これまでの常識では、バックスウィングでもダウンスウィングでも、クラブはアドレスの角度と同じになるべきだとされてきました。しかし、これは「言うはやすし、行うは難し」で、多くの場合、特にアベレージゴルファーにとっては、むしろいいショットを打つのが難しくなるというのが、私の見解です。過去の名手の多くは、程度の差こそあれ、立てたシャフトをシャローにしながら打っています。

ジャック・ニクラスは、バックスウィングの途中でシャフトがほぼ垂直になりますが、そこからシャフトを自然にシャローにして、ダウンスウィングでは正しいプレーンに戻しています。ゴルフ史に残るアイアンの名手、ジョニー・ミラーのスウィングにも、これと似た動きが見られます。スウィングがきれいなことで一目置かれる、カナダのジョージ・クヌードソンも、立てて上げて、シャローに下ろすという動きを採り入れています。カルビン・ピートは、80年代から90年代におけるスタープレーヤーのひとりですが、彼は、バックスウィングでのシャフトの角度は強烈に縦になっているにも関わらず、ダウンスウィングは完璧なオンプレーンなことで有名です。ＰＧＡツアーが、ショットデータの統計を始めて以来、ショットの正確さにおいて、カルビン・ピートの右に出るプレーヤーはいません。彼は、ドライバーの正確性とパーオン率の両方の部門で、ほぼ10年にわたり、ツアーで1位の記録を続けました。

「Aスウィング」は、例えアベレージゴルファーでも、ダウンスウィングでクラブをオンプレーンにすることが可能です。それは、様々なゴルファーを対象としたテストの結果が示しています。名手と呼ばれる人たちに共通する特徴は、ダウンスウィングでクラブがオンプレーンになる、ということなのです。

バックスウィングではクラブが縦に上がるが、ダウンスウィングではシャローな角度で下りてくる

「Aスウィング」と、野球のバッターの動きには、明らかな関連があります。バッターがピッチャーの投球を待つ際、バットの角度は極めて垂直に近い状態になっています。両腕はリラックスしていて、ほとんどの場合、左ひじは曲がっています。ボールが接近するのに合わせて、下半身がねじり戻されますが、そこからは運動力学や物理学の領域に入っていきます。ボールが進入してくる点に合わせて、バットの角度がシャローになり、その時生み出される遠心力によって、左腕は自動的に真っすぐに伸びます。バットは手よりも遅れて振られ、それによりミートポイントにおけるバットスピードが飛躍的に増大、その後、フィニッシュに向けて両腕が伸びていきます。

野球のバッターは、ボールが近づくにつれて、バットを縦からシャローな角度に移す

「Vプレーン」の見え方

バックスウィングの途中でシャフトが縦になり、ダウンスウィングの途中で角度が浅くなって、オンプレーンになるこの切り替え動作を、私は「Vプレーン」と名づけました。スウィングを鏡に映して、この切り替え動作を行ってみると、シャフトの動きによって、「V」の字の両側の線が、おおよそ形作られるからです。バックスウィングのシャフトが「V」の左側の線、ダウンスウィングのシャフトが「V」の右側の線になります。

実際には、完全に左右対称の「V」とはなりませんが、シャフトがどう動くべきか理解するには、いいイメージだと思います。このスウィング平面の切り替えは、スウィングのエネルギーが不足していて、スウィングにリズムがない、あるいは、クラブを立ててアウトサイドインに振っている多くのゴルファーにとって、非常に大切です。「Vプレーン」の動きは、スウィングに命とエネルギーを吹き込むと同時に、J・J・リベットの分析によれば、バックスウィング、ダウンスウィングを通じて、背骨の角度を一定に保つ効果もあります。多くのゴルファーは、インパクトの再現性に問題を抱えていますが、それに関わる重要な要素が、背骨の角度なのです。また、覚えておいてほしいのは、スウィング平面の切り替えには、体の回転運動における切り返しの部分が、大切な役割を担うということです。

Q. トップで左手首を〝カップ〟させておく（甲側に角度がついた状態にしておく）のはなぜ？　このポジションでは左手甲が真っすぐになるのが正しいのでは？

A. トップでクラブフェースをニュートラルな状態にするには、左右の手の甲側にできる角度（カップ）を、アドレスで作るプレイヤーグリップと同じ形に維持する必要があります。つまり、トップまでは手は余計な動きをしないということです。また、両手首に角度がついていると、コックがしやすくなり、スウィングにパワーが加わります。インパクトの前後だけ、左手首は真っすぐか、あるいは少しだけ弓なり（手のひら側に曲がった状態）になる必要があります。

インパクトゾーンでは、一瞬だけ左手首が真っすぐ、あるいはわずかに手のひら側に折れた状態になり、その後、手首の甲側に角度がついた状態（カップ）に戻る

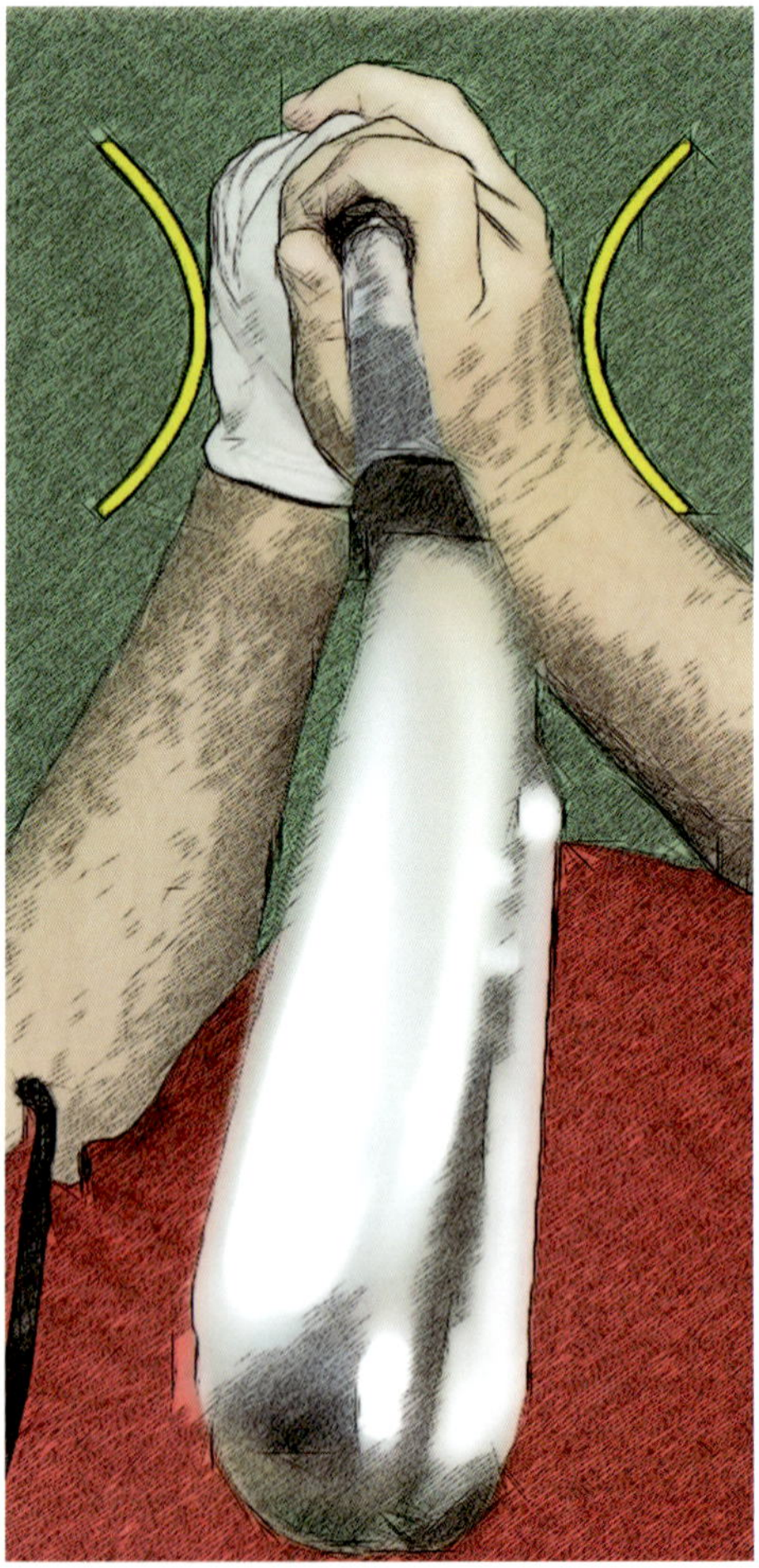

ニュートラルなフェースの向きには、トップで両手首の甲側にできる角度が関わっている

Q● バックスウィングでは、スウィングアークを最大にするために、左腕は伸ばしておくべきだと思いますか？　左腕がソフトで、リラックスしていなければいけないのはなぜ？

A● 左腕を伸ばして、それによってアークを大きくするのがいいというのは、これまで散々言われてきたことですが、それによって多くの問題が生じます。もちろん、バックスウィングのアークの大きさは必要です。私は何も、左ひじを曲げ、トップで手と体のスペースをつぶすことを推奨しているわけではありません。しかしゴルファーは、左腕を「伸ばせ」と言われると、腕を伸ばそうとして腕を使いすぎたり、手首のやわらかさがなくなったり、体のねじれが不十分になったりして、結果として動きのシンクロが失われがちです。名手といわれるプレーヤーの多くが、しっかり左腕を伸ばし、大きなアークのトップを作っていることは事実ですが、それは十分な筋力と柔軟性があってこそです。それ以外の大部分のゴルファーは、バックスウィングで動きのシンクロに問題があり、そこまでの体力的資質を持ち合わせているわけでもないので、左腕をやわらかく、リラックスさせておくほうが、いつも同じ動きでバックスウィングしやすく、動きがシンクロすることがわかるでしょう。それにより、もっと体をねじることや、手首を効率的にコックすることに注力できるので、それがダウンスウィングでの、アークの大きさや、〝てこ〟の力を生み、体とクラブがシンクロしてねじり戻されたインパクトにつながるのです。

Q● 「Aスウィング」のトップで、シャフトをターゲットラインより右に向けるのはなぜ？　トップでは、シャフトがターゲットラインと平行になるのが正しいのでは？

A● 過去においては、偉大なプレーヤーの中にも、トップでシャフトが目標より右を向いている人が数多くいます。いわゆる、「アクロス・ザ・ライン」と呼ばれるポジションです。例えば、ボビー・ジョーンズがそうですし、ジャック・ニクラス、トム・ワトソン、それに若い頃のタイガー・ウッズもそうでした。多くのプレーヤーにとって、オンプレーンのダウンスウィング、インサイドアウトのヘッド軌道は、この「アクロス・ザ・ライン」のポジションからのほうがやりやすいのです。「Aスウィング」のように、腕の移動距離が比較的短いスウィングの場合は特に、（『アクロス・ザ・ライン』のポジションにすることによって）動きに滑らかさが加わります。左腕を胸にぴったりとくっつけて、シャフトを縦にしてバックスウィングすれば、上体の捻転によって、クラブがわずかに「アクロス・ザ・ライン」となるのが自然です。腕がルーズで、オーバースウィングの「アクロス・ザ・ライン」は問題ですが、コンパクトなスウィングをする限り、「アクロス・ザ・ライン」のポジションのほうが、むしろ利点が多いのです。

Q・バックスウィングで、シャフトは縦のプレーンで動くのに、腕の動きはフラットですが、両者の動きは一致させるべきなのでは？

A・より立ったシャフトの位置からのほうが、ダウンスウィングでシャフトを適切な角度までシャローにするのが容易になります。また、腕の動きがフラットなほうが胴体と密着して、体の回転運動ともシンクロすることになります。「Aスウィング」を客観的に見ると、過度にアップライト、あるいはフラットということはなく、その2つのコンビネーションと言えます。言ってみれば、「フラット-アップライト」なバックスウィングです。腕の動きはフラットですが、クラブはアップライトです。

Q・バックスウィングで、左腕のインサイドへの動きが足りなかったり、シャフトが縦になり切らなかったら、どうなるか？

A・「Aスウィング」の利点は、モデルとなるバックスウィングの形に向かって取り組む過程で、すぐにショットがよくなっていくことです。実際にやってみると、身体的制限や、違和感があったりで、完全にはモデルとなる形にならないかもしれませんが、それでOKなのです。パーフェクトである必要はありません。大切なことは、シャフトをできる限り垂直にし、左腕をできる限り胸にぴったりとくっつけるということです（腕の振りはコンパクト、体はフルターン）。大げさな感覚でやっても、決してやりすぎになることはありません。この点が、私が気に入っているところなのです。「Aスウィング」とはつまり、ダウンスウィングに向かって、いい切り返しができるものだということです。私が「Aスウィング」を指導して、完璧に「Aスウィング」のモデルとなるバックスウィングができた人は、ほんの数人です。それでも、とにかく動きをモデルに近づけていけば、動きのシンクロ度合いや、ショットの安定性、インパクトの再現性が高まるというのが、「Aスウィング」の素晴らしいところなのです。

ダウンスウィング

バックスウィングの習得には、最初に何かしら頭で考える作業が必要ですが、ダウンスウィングは、スウィング全体の3分の1の時間で終わってしまうものであり、反応がすべてです。バックスウィングの動きが正しくシンクロして行われ、上体がきちんとねじれて、切り返しが上手くできたとすれば、ダウンスウィングというのは、重力と遠心力によって、概ね正しく行われるのです。自然の法則に基づく力が、ダウンスウィングの鍵で、それらによってクラブは滑らかに動き、エネルギーを得るのです。もちろん、何が、どの順番で起こるのか理解することは大切ですし、感覚をつかむのにおすすめなのは、ダウンスウィングの動きをスローモーションで繰り返し練習することです。ただし、クラブがボールに当たるまでの時間の短さを考えると、やはり、ダウンスウィングが、バックスウィングの反応動作として、何の造作もなく起こるというのが理想でしょう。また、本書では便宜上、バックスウィングとダウンスウィングを分けて説明していますが、最終的には2つはシンクロして、1つのつながった動きになるということを、忘れないでください。

では、ダウンスウィングのスタートからフィニッシュまでの短い時間に、何が起こっているのか？これから説明していきます。

●切り返しがダウンスウィングのスタートとなりますが、上半身とクラブがバックスウィングを終える前に、下半身はターゲット方向に動き始めます。体の回転運動の章で説明しましたが、スウィングのパワーを生み出すために、切り返しでは腰と肩のねじれ差が大きくなります。この力強いダイナミックな切り返しの動きが、右肩と右ひじの連携動作をともない、手とクラブを地面の方向に下げます。これと同時に、左腕前腕の外側（手の甲側）と右手のひらが、空を向く方向に回転します。バックスウィングで立ち、トップでアクロス・ザ・ラインのポジションになっていたシャフトが、この段階でフラットになり、プレーンはよりシャローになります。つまり、バックスウィングでは、意図的に腕とクラブを回転させることは一切ないですが、インパクトに向かってクラブを振り下ろす、最初の段階では、わずかに回転するということです。この動きによって、「V」の字の、右側の線が形成されるのです。トップからダウンに入り、シャフトが立った状態からシャローなプレーンになり、左前腕がわずかに空の方向に回転するのをイメージしてくださいさい。この動きは、クラブが下へと向う旅路に生命とよどみない流れを吹き込むものとなるのです。

ダウンスウィングの初期において、左腕前腕と右手のひらが、空に向かってわずかに回転する：これは「Aスウィング」のシャフトが立った状態からシャローになる動きの一部

●クラブが振り下ろされるのにしたがって、シャフトは、アドレス時の角度に近づいてシャローになります。これは、「Aスウィング」最大の利点の1つです。多くのアマチュアは、ダウンスウィングで、クラブを正しいプレーンに乗せることができず、ほとんどの場合、シャフトが立ちすぎています。上手いプレーヤーほど、「オリジナルプレーンライン」と呼ばれる、アドレス時のシャフトのラインと同じ角度に、クラブをシャローに下ろすことができるのです。シャフトをフラットにする、あるいはシャローにする動きは、インパクトに向かって、腕と体をシンクロさせて動かす準備動作でもあるのです。

ハーフウェイダウンに到達する頃には、シャフトはアドレス時の角度に近づいてフラットになる

●ダウンスウィングが進むにつれクラブはシャローになり、アドレス時のシャフトのラインと、それより少し高い位置で平行になりますが、これは、クラブをリリースするのに最適な角度です。クラブがインパクトに近づくと、右ひじは体の近くを通り、右腰の前にきます。この時、シャフトは右の前腕とほぼ平行になります。これらの動きはすべて、体のねじり戻しと左への体重移動によって起こり、腕とクラブは、体の動きに反応するだけです。ここで、シャフトが完全に「V」の字の反対側の線と重なるのです。

インパクトが近づくにつれ、クラブはオンプレーンになり、右の前腕とほぼ平行になる

●ここから、左の前腕と右の手のひらは、地面に向かって回転しながら下り、同時に右腕も伸びていきます。これは、クラブをリリースし、クラブフェースをスクェアにするためです。体が回転しスペースができて、同時に腕とクラブが加速して下りていきますが、インパクトまでは、手がクラブヘッドよりも先行します。遅れてやってくるクラブヘッドはボールに対し、ターゲットラインよりわずかにインサイドから近づいていくことになります。

左前腕と右手のひらが、地面に向かって下向きに回転し、クラブフェースをスクェアにする

●正しい順番でクラブを振り下ろすと、最も肝心なインパクトの瞬間に、クラブのリリースと体の回転をシンクロさせることができます。インパクトでは、胸がボールの真上にくる。右腕は少し曲がっていて、右手首が甲側に折れて角度がついています。右手のひらは地面に向かって押し込まれています。これとは逆に、左手首は左手の甲まで真っすぐになっているか、少し弓なりに反っています。また、左手甲の向きは、ターゲットとスクェアなクラブフェースの向きと一致しています（この手の位置関係は、アイアンで正確なショットを打つのに不可欠なもの）。シャフトが目標方向に斜めに傾いた状態で、左腕と一直線になり、ヘッドがボールをとらえます。ヘッドはその後さらに地面に向かって下向きに動き、そこでターフが取れます。クラブフェースがターゲットラインに対してスクェアになるのは、インパクトエリアのほんの一瞬だけです。インパクトを過ぎてからのヘッド軌道は、ボールに向かう際の軌道と鏡写しで、ターゲットラインよりインサイドに入ります。

●ボールをとらえた後、手首の「インパクト後のポジション」は、「インパクト前のポジション」とは逆になります。右手首が甲側に曲がり、左手首が真っすぐかやや弓なりになる代わりに、今度は左手首が甲側に曲がり、右手首が伸びて弓なりになります。これが、手を正しくリリースする動きで、右手首をむちのようにスナップさせることで、スウィング軌道に対してクラブフェースをスクェアに保つことができるのです。

このリリースの仕方は、これまで慣れているものとは、感じが違うかもしれません。大切なことは、右手を回転させて左手の上にするのではなく、左手の下にあり、左手の甲が空を向くことです。この手のポジションは、左打ちの人のインパクト前の形に似ています。

インパクト直後から、フォロースルーにかけて、腕とクラブは胸の回転と同調して、体に沿ってかつ体の左側に振られていきます。もし、胸の回転が止まってしまうと、手と腕が動きすぎてしまうことになります。

アイアンでは、クラブヘッドがボールに当たってから、さらに下向きに動いて、ボールがあった位置より先のターフが取れる

インパクトで、右手首には角度があり、左手の甲とクラブフェースの向きが一致し、目標を向いている。シャフトはターゲット側に傾き、左腕と一直線になる

●手首の片方が曲がり、片方は弓なりに反っているという状態を保ちつつ左腕が畳まれていく前のほんの短い間、両腕は真っすぐに伸びます。フォロースルーが半分くらい終わったところで、クラブは再び手首のコックによって立ち上がっていきます（バックスウィングでのコックと、ちょうど左右対称のイメージ）。ゴルファーの目線で、クラブのトウは、ハーフウェイダウンと同じく、空を向きます。ダウンスウィングとフォロースルーでクラブが通るプレーンは、やはり左右対称となります。

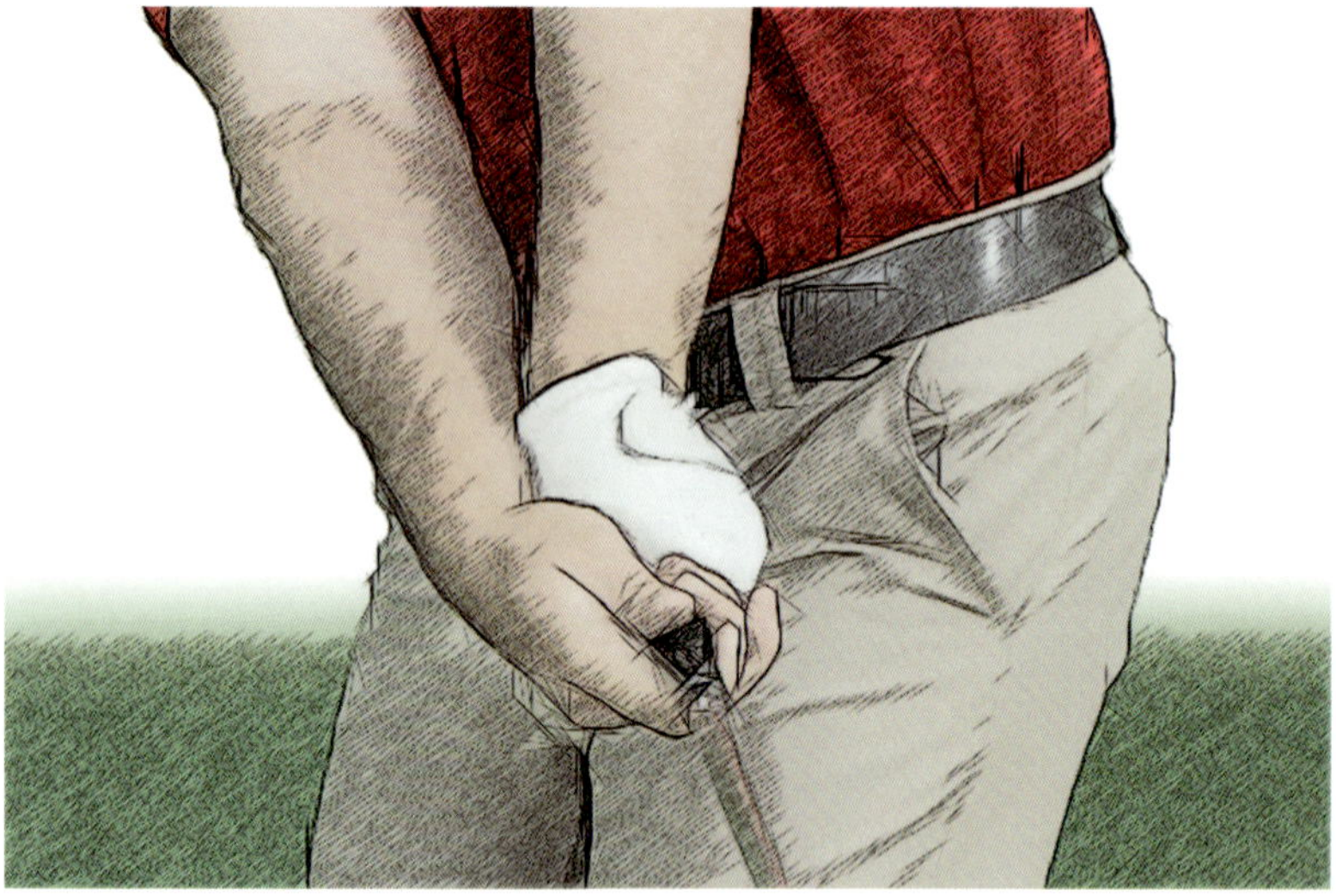

手首の「インパクト後のポジション」は、「インパクト前のポジション」の反対。右手が下になり、左手甲が空を向く

右打ちの人のリリースは、左打ちの人のインパクト前の形に似ている

片方が曲がり、片方が伸びる手首の形を保ちつつ手首が再びコックされることで、フィニッシュに向けクラブが立ち上がっていく

●スウィングがフィニッシュを迎えると、体の回転が止まり、クラブ、腕、手も同時に、その動きを終えます。これは、シンクロが上手くいった証拠です。よくある写真のポーズのように、左足で体を支え、右足はつま先立ちでバランスよく立ち、クラブが首の後ろに巻きつくような形になります。手は、アドレスの時と同じ「プレイヤーポジション」になっています。

動きにやや機械的な部分があるバックスウィングと違い、ダウンスウィングはダイナミックで、自然な流れのある動きです。体の回転運動で蓄えられたエネルギーは、腕から手に伝わり、最終的にクラブとボールに伝達されます。エネルギーの伝達が、最も効果的、効率的に行われるのは、体の回転（内側の円）が、腕やクラブの振り（外側の円）と調和を保って動いた時なのです。どちらかがもう一方に勝るようではいけないのです。

ハーフウェイダウン（上のイラスト）とハーフウェイスルー（下のイラスト）で、クラブのトウは同じく空を向く。ダウンスウィングとフォロースルーでクラブが通るプレーンは左右対称

理解しなければいけないことが多い、ということは私もわかっています。特に、ダウンスウィングからフォロースルーにかけては、時間が短いですから、その間にそれら全部を考えながらスウィングしてほしいとは思っていません。ただ、何がどう起こっているのかを知っておくことは重要なのです。ダウンスウィングは、大部分が反応動作だということを思い出してください。ダウンスウィングの成否は、その前の段階で、順序正しく、シンクロした動きをしたかどうかの結果なのです。しかしながらその中身を理解することは、「Aスウィング」をより早く習得する手助けとなるのです。

スウィングは"写真用のポーズ"のようなバランスのとれたフィニッシュで終わる

最後に、最近では忘れられたテーマになりつつある、ハンドアクション（手の動き）について、少し触れたいと思います。現代のゴルフ理論の多くは、大きな筋肉の動きを中心に展開されています。本書でも、「Ａスウィング」において、体の回転運動が果たす役割について、詳細に説明してきました。しかしながら、正しい手の動きの必要性についても、ここで強調しておきたいのです。ここまで、手と手首の動きに言及した部分がいくつかありましたが、もうお気づきのように、特にインパクト直前から、インパクトの瞬間、インパクト直後の部分にかけては、これらの動きがとても重要です。手は、最終的にフェースの向きをコントロールし、ショットの高さや球筋に影響を与えます。ゴルフの古い格言に「手を上手く使える人が名手」というものがありますが、これは昔から現代までずっと通用する真実で、「Ａスウィング」にとっても欠くことのできない要素なのです。

インパクトゾーンの手の動き

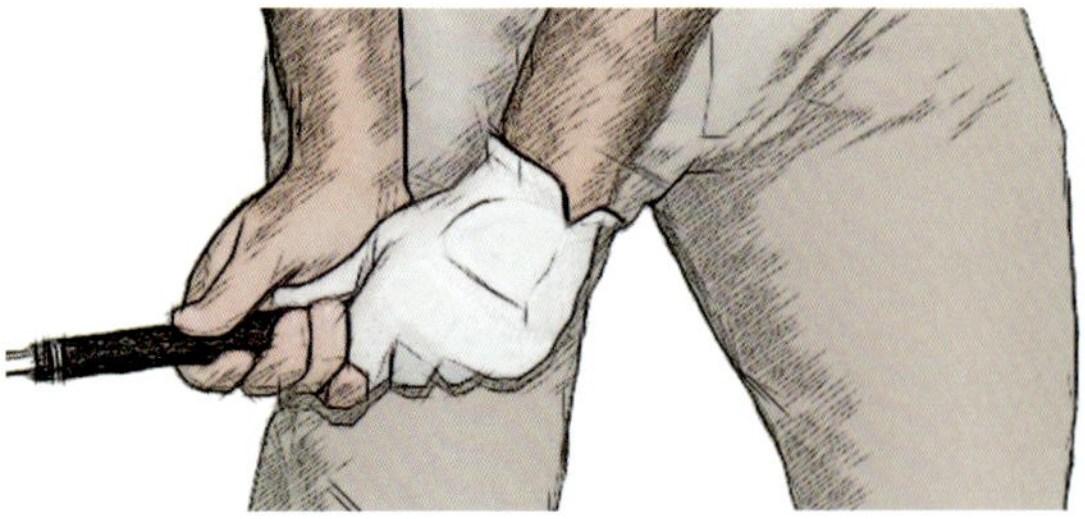

インパクト直前、右手が後ろにある

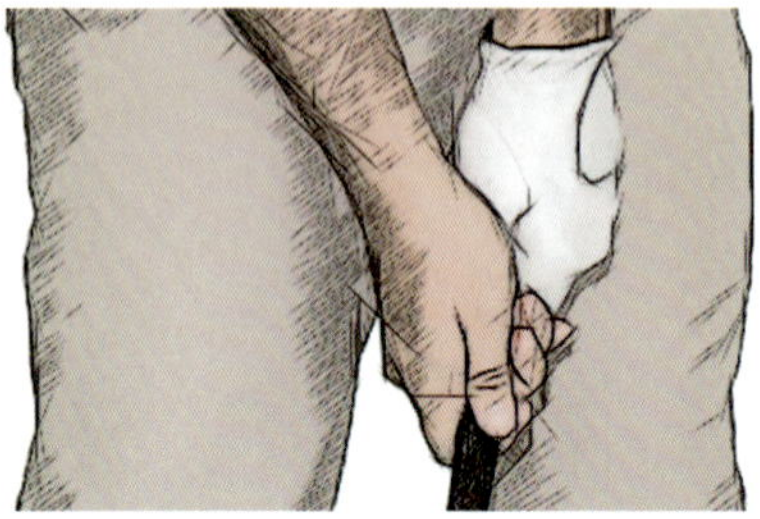

インパクトで左手首は真っすぐ

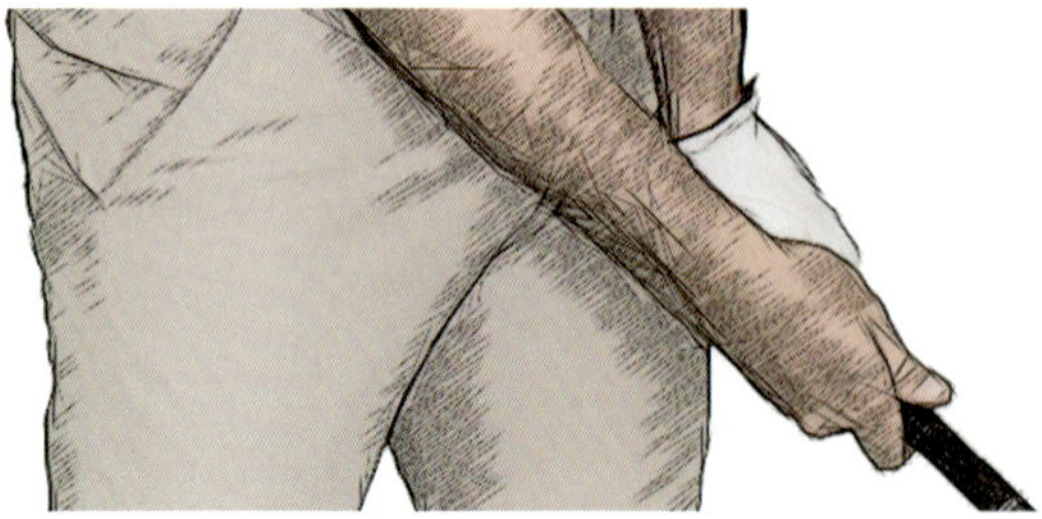

インパクト後、右手は左手の下

この章の最初で説明したように、ダウンスウィングの動きをスローモーションで何度も繰り返すことで、フルスピードのスウィングに進む段階に入っても、正しいポジションの感覚を呼び起こし、1つの動きに統合することができます。ダウンスウィングが、完全に直感的でオートマチックなものになり、スウィング前半の動きに対する反応動作になるというのが、スウィングのゴールだということを忘れないでください。

ダウンスウィングの感覚

●インパクトまでの動きは、水面に石を投げる「水切り」をしているような感覚です。右肩は低くなり、右ひじが腰の近くを通り、手よりも先行します。

ダウンスウィングは、水面に石を投げる「水切り」の手と腕の動きに近い

●フラフープの下半分のような円弧を想像し、それに沿ってクラブヘッドが動くのをイメージしてください。ダウンスウィングでは、クラブヘッドはターゲットラインより内側（インサイド）からボールに近づきます。インパクトの瞬間、クラブヘッドはターゲットライン上にあり、その後フォロースルーでは、またターゲットラインの内側に動きます。フラフープが、クラブと同じ角度に斜めに置かれているとイメージし、インパクト前後ではそれに沿ってクラブヘッドが動くことを確認してください。フラフープに沿って、左に、そしてフィニッシュまで振ります。

クラブはインパクトの前は、
ターゲットラインの内側か
ら、インパクト後は内側へ
と、いずれも円軌道で動く

●インパクト後、右手が下になり、右手首が伸びて弓なりになり、左手首は甲側に折れて角度がつきます。この時、左手の甲側は空を向きます。従来のレッスンでは、両手を一体にして返し、左手の甲側が地面を向くように教えるのが一般的で、それとはかなり異なります。「Aスウィング」では右手が下で、フォロースルーの途中までは、右手のひらが自分のほうを向いています。これは、野球でショートのプレーヤーが、バッターを一塁でアウトにしようと、横手投げで送球した後の右手の形に似ています。

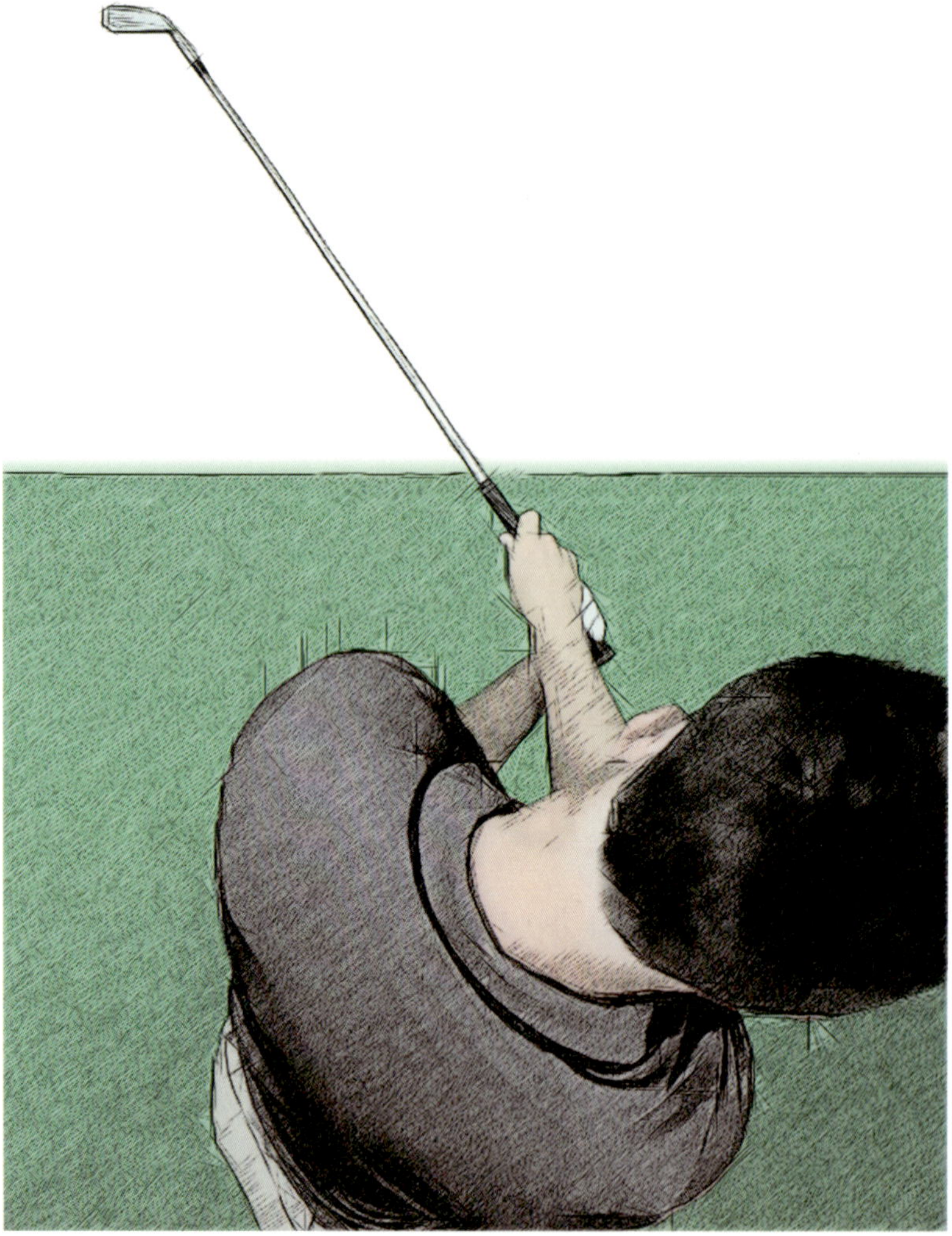

従来のレッスンで教えられてきた最も一般的なリリースの方法は、右手、右前腕が左手の上になるように返し、クラブフェースを閉じるというものだった

●腕と体を一体にして動かすには、フィニッシュまで胸を回し続けることが大切です。胸の回転が止まってしまうと、体の代わりに手と腕を使わざるを得なくなります。

右手のリリースの形は、
ボールを投げる時の形に
似ている

●鏡に、簡単にはがせる「プレーンテープ」（『Aスウィング』用のトレーニング器具）などを使って、アドレスのシャフトの角度（オリジナルプレーンライン）を示す線を引きます。鏡から1メートルくらい離れて立ち、「Aスウィング」のバックスウィングから、ダウンスウィングでクラブをシャローにして、オリジナルプレーンライン（※『Vプレーン』）に戻す感覚を養います。ダウンスウィングの中間くらいのところでは、シャフトが鏡の線と平行になり、線より少し上にあることを確認します。シャフトはインパクト直前まで、同じ角度をキープしなければなりません。これが正しいプレーンで、クラブがボールをとらえるのに最適なポジションなのです。クラブがオリジナルプレーンラインより下に入るのは、避けなければなりません。これは、クラブがシャローすぎているということで、上級者はこれに悩まされる傾向があります。その結果として、ボールに対して、インサイドアウトの軌道がきつくなりすぎてしまいます。

ダウンスウィングの途中、クラブが正しいプレーン上にあると、鏡に映るシャフトは、テープで引いた線（アドレスのシャフトの角度）と平行で、少し上になる

※「Vプレーン」のイメージをより明確にするには、「プレーンテープ」を使い、「Aスウィング」のバックスウィングの軌道を示す、２本目の線も鏡に引くといいでしょう。

●ショートアイアンでアドレスし、バックスウィングします。十分に体をねじったトップを作ったら、動きを止め、２つ数えます。その後、下半身を目標方向に滑らかに移動してから、体をねじり戻してボールを打ちます。体をねじり戻す前に体重移動することが、ダウンスウィングを正しい順番（下半身が上半身、腕、手、クラブをリードする）で行う助けとなるのです。動きを止めるところでは、少し我慢が必要です。最初は難しいですが、ショートアイアンから始めて、少し練習を続けると、正しい順番で動きがシンクロしたダウンスウィングがどういうものか、感覚をつかむことができるでしょう。

●スウィングをスローモーションで行い、ボールの直前で止め、インパクトのポジションを感じてください。体重が左足に乗り、左かかとに圧力を感じること、腰が回転して開いていること、シャフトが目標方向に傾いている（ハンドファーストになっている）こと、左手首が真っすぐで、左手甲が目標方向を向いていること、などをチェックします。すべてを理想的なポジションにして、数秒間保持し、その後、お腹と胸の回転、右腕を使って、ボールを軽く弾きます。このドリルには、ある程度の筋力と、動きの調和が必要です。ボールを遠くに飛ばすことは難しいのですが、それは目的ではありません。ドリルの目指すものは、インパクトで、体の回転とクラブのリリースがシンクロする感覚をつかむことなのです。

ダウンスウィングの金言

●シャフトがフラットになる（『Vプレーン』の左側の線に重なる）のを感じつつ、下半身からねじり戻す。
●右ひじが曲がっていて、右腰と一体になっているのを感じる。
●クラブがボールに近づいて行く際に、インサイドアウトの軌道を意識する。
●インパクトまで、手をクラブヘッドより先行させる（右の手首は甲側に曲がっている）。
●インパクトゾーンでは、右ひじを伸ばし、ボールを投げる時のような感覚で、右手をリリースする。
●インパクト後はターゲットラインの左にクラブを振る。これは、ダウンブローにとらえてディボットが取れるショットすべてに共通。
●胸はフィニッシュまで、腕、手、クラブとシンクロさせて回し続ける。
●フィニッシュで、バランスよく立つ。

「Aスウィング」のダウンスウィングの結論

昔から、「いいバックスウィングが、いいダウンスウィングを生む」と言われますが、まさにその通りです。体を正しい順番で動かし、いつも安定したインパクトを生む秘訣がそこにあります。下半身がねじり戻されていくにつれて、腕、手、クラブが順番にそれに続きます。すべての力がクラブに集約され、リズムと、動きの流れさえよければ、クラブ自体の機能が安定したインパクトを保証してくれるでしょう。正しく動けば、さほど労力を使わずに、大きなパワーを発生させることができます。この章では、ダウンスウィングのポジションに関して、詳細に説明しましたが、目標は、そうしたポジションのことをあまり考えることなく、自然にスウィングできるようになることです。完璧な流れを持ったスウィングというのは、例えるなら、目の前を通り過ぎる電車のようなもので、その電車はどの駅にも止まらないのです。

「Aスウィング」のダウンスウィングに関する〝よくある質問〟

Q. バックスウィングが完璧な位置に収まらなかったら、ダウンスウィングはどうなるのでしょう？

A. 「Aスウィング」の利点は、たとえ、ポジションがすべて完璧でなくても、動きのシンクロや打球の安定性向上に、一定の効果が得られることです。「Aスウィング」のバックスウィングに取り組むことで、ほんのわずかでも動きが改善すれば、必ず結果になって現れます。まだ「Aスウィング」習得の途中にも関わらず、打球の安定性が著しく向上した生徒は何人もいます。また、「Aスウィング」では、やりすぎて失敗してしまうことは、まずありません。例えば、バックスウィングに取り組む初期の段階では、シャフトを理想的な角度まで立てることができず、「Aスウィング」のマイルドバージョンのスウィングにしかならないでしょう。ところが、練習を続けていくと、「Aスウィング」のモデルとなる形に近づいていき、クラブの通り道が短くなることで、スウィングはどんどん効率的になっていきます。それにより、正しいダウンスウィング、つまり「Vプレーン」が、簡単にできるようになるのです。バックスウィングで大切なことは、左腕を胸に密着させて体を回し（腕の振りはコンパクトに、しかし体は完全にターンし切る）、クラブをできる限り立てて、トップでわずかに「アクロス・ザ・ライン」にすることです。それが完璧にできていなかったとしても、シャローな正しいプレーンにクラブを下ろせる体勢にはなっていて、確実にダウンスウィングの動きはよくなっています。クラブが立った状態から、シャローに下ろすという、「Vプレーン」のイメージを、いつも頭に入れておいてください。

「Aスウィング」のモデルスウィング

マイルド「Aスウィング」

バックスウィングのポジションが完璧な「Aスウィング」のポジションでなく、マイルド「Aスウィング」になっていたとしても、動きのシンクロと打球の質には大きな改善がある

結局、「Aスウィング」のエッセンスだけを採り入れた〝マイルドバージョン〟で終わってしまうことも、よくあることです。もっとも、マイルドバージョンでも、シンクロの改善には効果があります。私の生徒の中にも、完全な形の「Aスウィング」を習得した人がいる一方で、素振りでは極端に感じるくらいにできても、実際にボールを打つとマイルドバージョンの「Aスウィング」になってしまう人もいます。しかし、これこそが、「Aスウィング」の特長なのです。つまり、完璧にできても、部分的にできても効果があるし、練習や試行錯誤を通じても効果があるということです。説明書通りに実践するのが最終目的ではありますが、どんな形のバックスウィングになっても、それはその人なりの「Aスウィング」なのです！

私たちは一人ひとり、みんな違うということを忘れてはいけません。たとえ考えていることが一緒でも、異なる2人のスウィングが完璧に同じ形になることは決してないのです。私は、「Aスウィング」の動きを〝やりすぎて〟しまう生徒を見たことがありません。結果として、フィーリングに慣れて新鮮味を失うことがなく、常に「もっと、もっと」という気持ちで取り組めるのが、「Aスウィング」のいいところです。

普通、何かいいスウィングの感覚をつかんでも、それはしばらくすると消えてしまい、また新しい何かを求めるものですが、「Aスウィング」ではそれがありません。同じことをやり続けることができて、しかも決してやりすぎることがないとわかれば、とても気持ちが快適になるはずです。

マイルド「Aスウィング」

バックスウィングのポジションが完璧な「Aスウィング」のポジションでなく、マイルド「Aスウィング」になっていたとしても、動きのシンクロと打球の質には大きな改善があります。

Q・これまでのレッスンでは、インパクトで左手首を甲側に折るのはよくないとされているが、「Aスウィング」の動きは手打ち、あるいはすくい打ちなのでは？　また、クラブフェースをスクエアに戻すために、両手を返す必要はないのか？

A. インパクト前に左手首を甲側に折るのは、確かによくない動きです。しかし、「Aスウィング」で左手首を折るのは、インパクトの後です。インパクト前に、手や手首を使ってボールをすくって、上げようとする動きは、当然、避けたいところです。ボールをダウンブローにとらえ、その後ターフが取れる、というのが理想で、これを実現するには、インパクトの瞬間から直後にかけて、左手首が伸びて真っすぐになっているか、わずかに弓なりになっていて、右手首は甲側に折れている必要があります。しかし、インパクト後、ボールがクラブフェースから離れて、両腕が伸びる段階では、右腕の伸びと右手のリリースによって、左手首が折れ、左手の甲が空を向くのです。これにより、スウィング軌道に対して、クラブフェースの向きがずっとスクェアに保たれ、正確性アップに非常に効果があります。また、右手をムチのように振ることで、スウィングスピードもアップします。左打ちのゴルファーの手首とクラブが、インパクト手前の位置でどうなっているか、想像してみてください。右手首が真っすぐになり、左手首は甲側に角度がついています。これを鏡に映したように、左右反転させたものが、「Aスウィング」における、右打ちの人のインパクト後のリリースの形となります。

最初は、この「Aスウィング」のリリースの形に、違和感があるかもしれません。従来のレッスンでは、両方の前腕を返し、左手の甲を地面に向けると、ずっと教えられてきたからです。この動きは、ボールが右に飛ぶ人に、顕著に見られます。ボールが右に飛ぶ理由は様々ですが、いずれにしても腕の返しを使って、何とかクラブフェースを閉じようとやっきになっているわけです。また上級者の中には、左へのミスを避けるために、インパクトでわざとリリースを遅らせる人もいます（かなりの筋力が必要です）。

この場合、インパクト後、しばらく経ってから、クラブヘッドに力が集中し、それによって結局、手首と前腕を返す動きが起こりますが、幸いなことに、その時にはボールがもう空中にあることが多いということです。

私が「Aスウィング」で提唱するリリースには、わざとリリースを遅らせたり、意識的に前腕を返す動きはありません。ただ、ボールを投げる時のように、右手を、流れのままにリリースするだけです。意図的に低い球を打つ場合や、強いドローボールを打つ場合など、左腕や左手首の返しを使うほうがいい状況もあることは確かですが、これらは特殊なショットと考えるべきでしょう。

「Aスウィング」のまとめ

この章は「Aスウィング」の核心と呼べる部分です。何度も読み返し、イラストを参考にして、体の動きとの関連の中でクラブが果たす役割と、スウィング中のクラブの動きについて、深く理解することをおすすめします。最も大切なことは、正しいバックスウィングの感覚をつかむことです。バックスウィングが上手くできると、体の回転運動とともに、ダウンスウィングも自然によくなることが感じられるでしょう。スウィングを変えようとする時は必ずそうであるように、「Aスウィング」も最初は違和感を覚えると思いますが、程なく「簡単だ」ということを実感するでしょうし、もっと大切なこととして、「繰り返し行いやすい」ということに気づくと思います。

私は、「Aスウィング」が、世界中に受け入れられ、誰にでもフィットするといった、甘い考えを持っているわけではありません。「Aスウィング」は、あくまで“alternative”な（これまでのやり方の代わりとなる）アプローチ方法だということを、思い出してください。もし、従来のスウィングのやり方で結果が出ず、苦しんでいるのであれば、「Aスウィング」が答えになるはずです。

サー・ニック・ファルドや、ニック・プライス、ミッシェル・ウィといった、私の最も有名な生徒たちが、「Aスウィング」を試したのかどうか、気になる人もいるでしょう。答えは「イエス」です。彼らは全員、「Aスウィング」のエッセンスを採り入れて、輝かしい成功を収めています。彼らに対して私がやってきたこと、そして今でも変わらずやり続けていることは、安定したセットアップを作ること、体の回転を重視すること、スウィングをコンパクトにし、急角度のプレーンからシャローな角度に戻してダウンスウィングすること、そして何より、すべての動きをシンクロさせることです。これらは、すべて「Aスウィング」の特質でもあります。だからこそ、私は、「Aスウィング」を採り入れることで大多数のゴルファーが恩恵を得られると確信しています。

「Aスウィング」によって、スウィングはより効率的で、よりシンクロしたものになります。感覚をつかんで、「Aスウィング」の動きができるようになってきたら、第7章の「7分間練習」に挑戦してみてください。それが、「Aスウィング」をマスターし、ずっと追い求めている安定したプレーのためのよい歩みとなるでしょう。

「Aスウィング」の運用

Chapter 6
UTILIZING THE A SWING

イントロダクションで述べたように、「Aスウィング」は、幅広いゴルファーにとって、従来のスウィングに代わる、非常にいい選択肢です。「Aスウィング」は、誰もが取り組みやすく、一度試してみて、感覚さえつかめば、ショットの安定度が増すとともに、ショットに自信が持てるようになります。その結果、スコアがよくなり、ゴルフがさらに楽しいものになるのです。また、ゴルフではスウィングが上手くいかなくなることが、時々ありますが、そんな時でも、「Aスウィング」の知識があれば、問題を瞬時に解決することができます。

この章は、「Aスウィング」を実際のプレーに採り入れるため、そしてさらに理解を深めるための手助けとなるはずです。それにより、「Aスウィング」の本当の利点にも気づくことになるでしょう。また、本章には、よくあるトラブルに対処するための、解決ガイドも含まれています。これであなたは、生涯最高のゴルフをする準備がすべて整ったと言えるでしょう。

スウィングをスタートさせる

流れるような、安定したスウィングを構築するのが難しい理由の1つは、ゴルフが止まったボールを打つ競技だということです。他のボールと道具を使うスポーツでは、動いているボールを打つので、体が直感的に反応して、求められる動作を行うことができます。普通、こうしたスポーツの動作は、意図的な思考が介在できないくらい、短い時間で起こります。つまり、直感が主役というわけです。ところが、ゴルフにはこれが当てはまりません。静止した状態からスウィングをスタートし、その後、約1秒で、かなり複雑な動きを、連続して行わなければなりません。スウィングをスタートさせる前に長い時間があり、状況を考えすぎてしまうために、意識が、体が本来持っている運動能力の妨げとなるのです。

では、この問題を克服し、スウィングを最初から直感的で、流れるようなものにするにはどうすればいいでしょうか？　私がおすすめするのは、正しい順番で、スムーズにバックスウィングをスタートさせるのに、ちょっとしたルーティンを利用することです。これは、いわゆる「プレショットルーティン」と呼ばれるものです。アドレスで下を向いてボールをじっと見ていると、多くのゴルファーは力んでしまい、体が固まってしまいます。そこに、ルーティンの動きを加えると、無駄な力みを取る効果があるのです。ゴルフスウィングにおいて、力みほど最悪なものはありません。

上手いプレーヤーの場合、ルーティンの動き自体は人によって異なりますが、共通しているのは、ショットの度に毎回同じ動きを繰り返すということです。スウィングのスタートまでに時間がかかるほど、無駄な思考が入ってくる余地が大きくなるので、簡潔であるほど、通常はいいルーティンとなります。あなたは恐らく、「分析による麻痺」という言葉を聞いたことがあると思います。考えすぎの弊害を表す言葉ですが、まさにアドレスではそうなりがちです。どんなゴルファーでも、アドレスでボールを前に数秒間じっとしていると、頭の中にいろいろな考えが浮かびます。そうなると、リズムやスウィングの流れを作るのは、とても難しくなるのです。

すでに、自分の中でしっくりくるルーティンがあり、ショットの度にやっているのであれば、それをやり続けてください。ただ、ルーティンを確立していないゴルファーは多いので、そういう人のために、「Aスウィング」で使えるルーティンの例を挙げておきます。最初に飛球線後方からターゲットを見て、ショットのイメージを作ってから、以下の手順に従ってください。

1・ボールに歩み寄り、セットアップを行う。
2・ゆっくりと目標を見て、それからボールに視線を戻す。リラックスするために、軽く足踏みをしてもいいでしょう。
3・腕をリラックスさせ、「Aスウィング」の動きをなぞるようにワッグルする。体幹（お腹）の力を使って、手とクラブを少しだけ動かす。具体的には、グリップが右の太ももを過ぎるくらい。左腕は胸にくっついていて、手は体に近いところを通る。一般的なワッグルと似た動きだが、前腕を回転させたり、フェースを開く動きは一切行わない。
4・アドレスの形に戻り、もう一度ゆっくりターゲットを見てから、視線をボールに戻す。
5・ほんのわずかな「間」の後、先ほどなぞった動きでスウィングをスタートさせる。

練習の際、最初は、頭の中でそれぞれの手順を順番にカウントしながらやってもいいでしょう。手順の確立にはさほど時間はかからず、徐々に無意識にできるようになるはずです。そうなると、実際にコースに出ても、無意識にバックスウィングをスタートさせることができ、滑らかでよどみないスウィングになる可能性がぐんと高まります。

分析による麻痺／考えすぎて硬くなること。失敗すること。"Analysis paralysis"はアメリカでは有名な言葉。

自分のリズムを見つける

私は、いいリズムを作ることが、スウィングのひとつひとつの要素を、流れるようなひとつの動きにまとめ上げると考えています。インパクトでボールを打つエリアだけは、クラブヘッドが素早く動きますが、そこまではあわてたり、それとわかるような力を入れたスウィングはよくありません。ほとんどのゴルファーの場合、リズムはその時々でよくなったり、悪くなったりします。ある時はリラックスしてよどみなく振れるのに、次の瞬間には力んで、ぎくしゃくしたスウィングになってしまうのです。あなたは、プロでさえも「リズムが崩れたせいでミスショットしてしまった」と言うのを聞いたことがあるでしょう。リズムは、間違いなく、ショットの安定に関わる重大なカギなのです。次にリズムを改善するための２つの練習ドリルを紹介します。

1・呼吸することに意識を集中し、力みを抜きます。アドレスでは決して息を止めないこと。鼻から深く息を吸い、スウィングを始める直前に口を開き、口から息を吐き出します。スウィングの間中、ずっと一定の速さで息を吐き続けます。フィニッシュでちょうど息を吐き切るように、息を吐くスピードを調整します。スムーズに呼吸できれば、スウィングもスムーズになるでしょう。

2・スウィング全体に「流れ」を作ります。これには私が長年、愛用しているオリジナルドリルを使います。7番アイアンか8番アイアンを使い、クラブヘッドをボールより60～70センチ先で、空中に浮かせた状態からスタート。グリップエンドは左もものあたりを指します。通常のスタート位置からでなく、このポジションからスウィングをスタートすることで、腕はリラックスした状態のまま、体幹を使ってバックスウィングできるのです。また、少しだけフォローの位置からスウィングをスタートすることで、スウィングに勢いがつき、滑らかに動けるようになります。トップ付近では、上半身と腕、クラブがまだバックスウィング方向に動いている間に、下半身が目標方向に動き始めます。こ

フォローの位置からフロー（flow、流れを作る）ドリルをスタート。体幹を使ってバックスウィングし、ボールを打つ

の、わずかな時間差による、運動方向の切り替えは、スウィングの大きなエネルギーとなり、これがスムーズにできると、ヘッドスピードは著しくアップします。これは、フライフィッシングで、上手くキャスティング（疑似餌を狙ったところに飛ばす動作）できた時の動きに似ています。右腕と右肩がキャストしようと前に出る時、糸はまだ後ろ向きに動いているが、いざ糸が方向を変えると、ものすごいスピードで前に飛んでいきます。運動方向の切り替えは、決して激しい動きではなく、無理に行われるものでもありません。このドリルをリラックスした状態で行うことは、スウィングスタートからフィニッシュまで、いいリズムで、流れのある動きを作るのに最適です。また、私がいちばん好きなゴルフの格言、「優しくスウィングし、強く打つ」を実現する方法でもあるのです。

ティショット

アイアンやユーティリティ、フェアウェイウッドを使って、芝の上から打つ場合は、わずかにダウンブローに打たなければなりません。しかし、ボールがティアップされていて、ドライバーかフェアウェイウッドで打つ場合は、わずかにアッパーブローに打つことが求められます。「Aスウィング」の「Vプレーン」は、上向きの入射角で、払うように打つ動作を促してくれます。その結果、打ち出し角が高くなり、バックスピンは減って、飛距離が（キャリー、ランともに）伸びます。ボールをしっかりととらえ、飛距離を出すティショットのコツは、以下の通りです。

わずかなアッパーブローで、
払うように打つ

シャフトは目標と反対方向に
傾き手がボール位置よりも少
し後ろになる

1・スタンスを肩幅より広くします。6番アイアンのスタンスより、7～10センチ程度広くすること。これにより、長いクラブを振る際の安定感が増します。

2・ボール位置を左足寄りにし、ほぼ左足かかと線上か、それに近いところ、あるいは左わきの下の正面に置く。ティアップはボールの上側半分が、クラブフェースより上に出ているくらいの高さにします。

3・通常の6番アイアンのアドレスよりも、左腰がより高くなり、右腰が低くなります。背骨を目標と反対側に傾け、胸骨（胸の中心）がボールより後ろにくるようにします。左腰を高くして、ボールを左足寄りにすることで、体重がわずかに右足に多く（55～60％）かかります。

4・シャフトをわずかに目標と反対側に傾け、手の位置がボールと同じか、少しだけボールより後ろになるようにします――アイアンでは、手の位置が必ずボールより前になります。

アイアンとドライバーの、インパクト直後のポジションの違い。アイアンでは背骨が垂直に近いが、ドライバーでは目標と反対側に傾いている

セットアップをアッパーブロー用に修正したところで、次は体の回転運動に微調整を加えて、スウィングのパワーを極限まで引き出しましょう。ドライバーショットでは、アッパー軌道に適応するために、第4章で学んだ体の回転運動の動きがダウンスウィングで少し変わります。ダウンスウィングでクラブを下ろしてきて、手が腰の高さに近づいたあたりから、インパクト直前までの間に、体を突き上げるようにするのです。その結果、頭の位置が右に動くことになります。アドレスよりインパクトのほうが体が起き上がり（アイアンでは前傾姿勢をインパクトまで保つ）、背骨が目標と反対側に傾くことになります。

このインパクトの位置は、インパクト後に両腕が伸びる余裕があり、クラブヘッドが最大限に加速します。ボールをダウンブローに打つアイアンでは、体の高さと背骨の傾きを維持して打ちますが、それと比べた場合、ドライバーではアイアンの時ほどシャフトをターゲット方向に傾けません。というより、アッパーブローで払い打つためには、シャフトは地面とほぼ垂直になっている必要があります。また、言い古された表現ですが、アイアンでは、インパクトで体がほぼボールの真上にあるのに対して、ドライバーでは、体がボールの後ろに残っている「ビハインド・ザ・ボール」の感覚が必要だということです。

トッププレーヤーに対して行った、運動力学的な調査によれば、ドライバーで、アイアンよりも後ろに体重が残っていることは明白です。アイアンでは、およそ80％の体重が左サイドにかかっていますが、ドライバーでは、それがおよそ60％となります。

体を突き上げるというのは、一旦しゃがんでから、脚と体幹を使って飛び上がる動作に似ていて、とても力強い動きです。これは、タイガー・ウッズをはじめ、多くのロングヒッターたちのスウィングには、必ず見られる動きです。飛距離の出るプレーヤーは、クラブヘッドの勢いを最大にするのに、地面を活用しています。体を上に突き上げると、球を打つためのエネルギーが増すだけでなく、インパクト後に、クラブがアッパーブローに動くようになります。体の押し上げは、木こりが木を切り倒す時の動きと同じです。斧が木に当たる瞬間、木こりの体が伸びている（起き上がる）、あの感覚が必要なのです。

**上方へ突き上げる動きは、
ピボットドリルで練習する**

この動きを練習するには、クラブを持たずに体の回転運動のドリルを行います。セットアップの姿勢で、腕を組み、十分に体をねじってバックスウィングします。体をねじり戻し、想定されるインパクトゾーンに近づいたら、体を回転させせつつ起き上がらせ、背骨を真っすぐにするようにしてください。それが、体を突き上げる動きです。

体の回転運動のドリル／98、99ページで紹介した、手をお腹に当てて体を回転させるドリル。

頭に入れておくべきことは、この動きがウェートシフトと体の回転が始まって、すぐに起こるということです。感覚としては、右足で地面を蹴り上げつつ、右腰と右のお尻が、目標方向に押し上げられていくという感じです。この動きは、タイミングがすべてです。ダウンスウィングが始まる時点では、体はまだ低くしておき、その後、跳ね上がります。その時、インパクトゾーンでクラブが動く速さに、きっと驚くことでしょう。ダウンブローに打つアイアンが、インパクト後にクラブを左に振り抜く感じがあるのに対して、ドライバーでは、もっとインサイドアウト、あるいはターゲット方向に真っすぐ、クラブを振り抜く感覚があります。これによりショットはドローになり、さらなる飛距離アップにつながります。

私は、ゴルフには基本的に2つのスウィングがあると考えてきました。アイアンでの、下向きに打つスウィングと、ドライバーでの上向きに打つスウィングです。バックスウィングはどちらも同じですが、ダウンスウィングが違います。両者の違いを知ることが、ショット全般の安定度を上げるのに役立つでしょう。

地面から打つフェアウェイウッドとユーティリティ

この2つのクラブも、その度合いはアイアンよりは小さくなりますが、わずかに上からヘッドを入れて打つのが理想です。それはライが厳しくなるほど顕著になります。

フェアウェイウッドやユーティリティのアドレスは、ドライバーよりもスタンス幅を数センチ狭め、ボール位置は少しだけ中央寄りにします。体重は、両足に均等に配分します。体の回転運動と、クラブの振り方は、この章以前に説明したものと、何ら変わりません。

これらのクラブのショットで大切なのは、背骨の角度をずっと変えずに、インパクト前後で体を起こさないようにキープすることです。ドライバーショットのような、体の突き上げ動作はなく、もしやってしまうと、トップします。緩やかなダウンブローで、ボールを芝から打ち出す際、少なくとも、ヘッドが芝をこするようにします。

よくあるミスショットは、ボールを上げようとすることで起こる、ダフリやトップです。この様なミスが出たときは、クラブがボールを上げてくれる設計になっていることを、もっと信じるべきでしょう。

ピッチショット(アプローチ)

ピッチショットのスウィングは、いろいろな面で、フルショットがミニサイズになったものと言えるでしょう。ピッチショットにも、しっかりとした土台や、正しい体の回転運動は必要です。それに、フルスウィングほど極端ではありませんが、シャフトを立てて上げてシャローに下ろすという点も同じです。ピッチショットのスウィングは、フルショットに比べて小さく、よりコントロールされていて、動きのダイナミックさは抑えられています。リズムはもちろん大切です。このショットが必要なのは、30~100ヤードくらいの範囲で、これは、スコアメークにおいて、プロが最も優れている距離でもあります。ピッチショットのキーポイントは、以下の通りです。

ピッチショットでは下半身を左に向けて（オープンに）構えるが、右足を引いてスタンスはクローズにする。クラブフェースは目標より右に向ける

ピッチショットのバックスウィング。シャフトの角度はフルショットほど極端なプレーンではない。クラブフェースの向きはスクェア

1・スタンス幅を狭める。グリーンが近くなるほど、スタンス幅は狭くなる。いちばん短い距離のピッチショットやチップショットでは、左右の足のすき間がほんの数センチとなる。

2・ボールはスタンスの中央に置き、体重を60％くらい左サイドにかけて構える。これによりややダウンブローにとらえられ、クリーンにヒットしやすくなる。

3・コントロール性を上げるために、グリップを2・5センチ程度短く持つ。

4・フルスウィングのアドレスと同様に、右足を引いて構える。ただし、両足と、下半身全部を回転させて、目標より少し左に向ける。肩のラインは、スクェアに保つ。右足を引いて構えることで、ひざや腰が早く引けてしまう「スピンアウト」になりづらく、クラブが弱々しいカット軌道になるのを防いでくれる。

5・あらかじめクラブフェースをわずかに開いてから、グリップを握る。アドレスでは、クラブフェースがターゲットの少し右を向く。

　ピッチショットの場合、スウィングの長さがコンパクトになっているので、クラブフェースを少しだけ（具体的には10度程度）開く必要があります。詳しく説明しましょう。覚えていると思いますが、「Aスウィング」のフルスウィングでは、バックスウィングの前半でクラブフェースを閉じて上げていくように見えても、トップに到達した時点でニュートラルな、あるいはスクェアなポジションになっていました。しかし、ピッチショットのスウィングはコンパクトで、フルショットの半分程度しかバックスウィングを上げないため、この小さなスウィングのトップで確実にクラブフェースをニュートラルなポジションにするには、アドレスでフェースを少し開く必要があるというわけです。
　もし、バックスウィングで実際にクラブフェースがクローズになってしまうと、ダウンスウィングでクラブフェースをスクェアに戻す動きが必要になりますが、スウィングが小さく、インパクトまでの時間が短いので、微調整してインパクトするのはかなり難しいでしょう。

ピッチショットのスウィングは、モデルとなる「Aスウィング」のマイルドバージョンと考えてもいいでしょう。体の回転運動の感覚、あるいは、手をインサイド、ヘッドをアウトサイドに保つバックスウィングや、シャフトの角度をシャローにしながら下ろすダウンスウィングの感覚などは変わりません。

ピッチショットのバックスウィングの大きさが通常の2分の1か4分の3程度だとすると、バックスウィングが完了した時点で、シャフトの角度はほぼ垂直になっています（フルスウィングで、シャフトが前に倒れているのとは異なります）。そこから、切り返しで、わずかにシャフトの角度をシャローに下ろすと、クラブが正しいプレーンに乗り、安定したピッチショットの動きになります。「Vプレーン」の、「V」の角度が狭いバージョンと言ってもいいかもしれません。このマイルドバージョンのバックスウィングは、振り幅が小さく、滑らかで、ダイナミックさはあまりない動きなので、インパクトでクラブが正しい位置に戻る、再現性の高いスウィングにするために、シャフトの角度を大きく変える必要はありませんし、またそのための時間もないのです。

フルスウィングと同様に、ピッチショットの距離は、体の回転運動によってコントロールされ、それに加えてクラブを替えることで、様々な距離を打つことができます。ショットの飛距離を変えるには、体の回転運動の量を少しずつ変えて試してみるしかありません。体の回転量によってバックスウィングで腕がどこまで上がるかが決まり、それによってどこまでボールを飛ばせるかが決まるのです。

ピッチショットの練習には、ロブウェッジ、サンドウェッジ、ギャップウェッジ（アプローチウェッジ）、ピッチングウェッジの4本を使い、左腕が地面と平行になるまで体をねじるショット（ハーフスウィング）と、それより少し振り幅が大きいショット（スリークォーターースウィング）を練習してください。

モデルとなる「Aスウィング」／ピッチショットの場合、フルスウィングのようにクラブヘッドがグリップの外側に位置するほどクラブを立てる必要はない。168ページの説明にある、マイルドバージョンのバックスウィングで大丈夫なのだ。

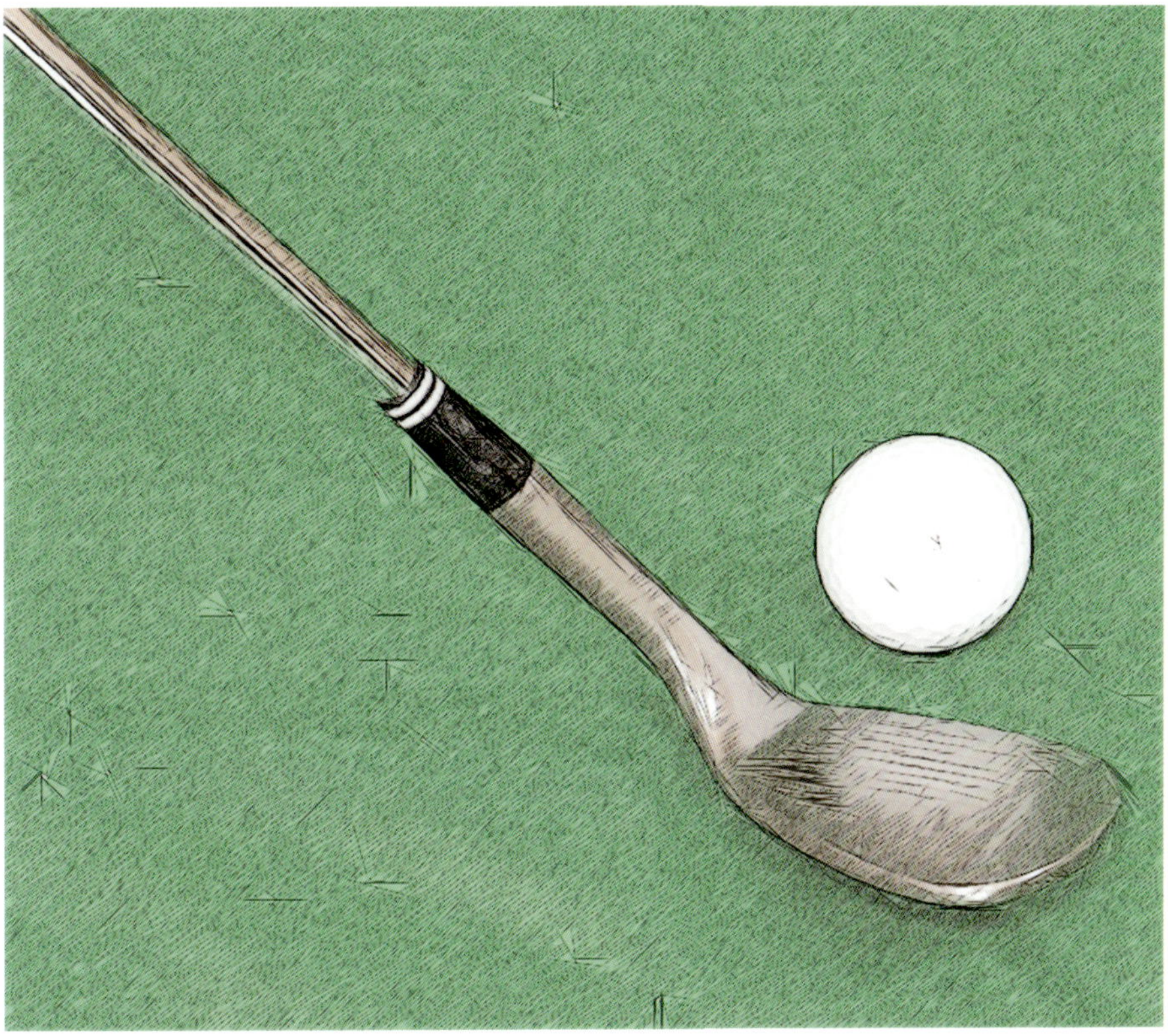

**まずクラブフェースを開いてから、
グリップを握る**

ピッチショットは、ハーフスウィング、またはスリークォータースウィングで練習する。バックスウィングとフォローの大きさを同じにすること

私がおすすめするのは、この2つの振り幅のスウィングを繰り返し練習し、それをやり続けることです。バックスウィングの大きさと、フォロースルーの大きさが同じになるように気をつけながら、常にスムーズなスウィングを心がけてください。胸をバックスウィング側にもフォロー側にも、しっかり回し続けることを意識するといいでしょう。これらのクラブはコントロールが命ですから、強振してはいけません。もっと遠くへ飛ばしたいという時は、同じクラブで強く打つより、スムーズなスウィングのままクラブを大きくするほうが、はるかに簡単です。ターフは浅めに取りましょう。それによりボールに適正量のスピンがかかります。

それぞれのウェッジについて、振り幅を変えると、ボールの飛距離がどう変わるかメモしておき、実際にプレーする時に、その距離を思い出してください。ウェッジの上手さというのは、1にも2にも、距離のコントロールなのです。

ピッチショットの練習は、確実にスコアを縮めてくれるだけでなく、フルショットの技術と、動きのシンクロのためにも素晴らしい練習になります。ピッチショットでしっかりとよいショットを重ねることが自信となり、長いクラブを持った時でも、「Aスウィング」をやり切ることができるようになります。ですから、これらのショットの練習を是非ともやってほしいのです。

ドロー、フェードの打ち分け

あなたのゴルフがある程度上達したら、状況に合わせてショットを操るというのが、次のステップです。「Aスウィング」は、ボールへのコンタクトを確実にし、真っすぐなボールを打つことを目的としています（実際は少しドロー回転がかかるケースが多いですが、その曲がり幅はごくわずかです）。しかし、上手いプレーヤーには、時によって意図的にボールを左右に曲げたいという状況があります。ドッグレッグのティショットでは、飛距離を最大限に生かすために、ドライバーでドロー、あるいはフェードを打たなければならないかもしれませんし、グリーン左右のエッジに近い狭いところに立っているピンを狙う場合にも、同様の技術が必要でしょう。風の影響を最小限にしたい時、例えば、左から右に吹く風に対して、ドローボールを打つという場合も、ボールを曲げることを余儀なくされるケースの1つです。

状況や条件に応じて、求められるショットを上手く打てた時は、ゴルフで最も満足感を得られる瞬間の1つでしょう。ショットを意図的に操れるゴルファーは、そう多くはないのですが、これは目指すべき技術です。

「Aスウィング」によって、ショットに安定感が出てきたら、はしごを登る、次なる大きなステップは、ショットの意図的な操作を覚えることです。これはかなり楽しい作業です。

これからする説明は、少し複雑に聞こえるかもしれませんが、ボールを曲げるための物理的法則を知っておくことは、とても大切なことです。

ボールの描く曲線は、主に、クラブ軌道と、インパクト時のクラブフェースの向きという、2つの要素の組み合わせによって決まります。基本的にクラブフェースの向きが、ショットの打ち出し方向を決め、クラブ軌道はショットの曲がりに影響します。2つの要素によって、ボールが右から左に曲がる弾道（ターゲットより右に打ち出して、ターゲット方向に戻ってくるのが理想）にも、左から右に曲がる弾道（ターゲットより左に打ち出して、ターゲット方向に戻る）にもなります。

このことは、最新の弾道計測器によって明らかになっていて、ボールの曲がりに関するこれまでの理論の多くが、間違いだったということが証明されています。

ありがたいことに、ボールを曲げるのに、スウィングを大きく変える必要はありません。ドローもフェードも、単にアドレスを調節するだけで、打つことができるのです。

ドローボール（右から左）は、ターゲットラインに対して、クラブをインサイドアウトの軌道で振らなくてはいけません。言い換えると、右打ちのゴルファーがドローを打つには、インパクトゾーンで、クラブが目標よりも右に向かって動かなければいけないということです。これに加えて、クラブ

ボールを曲げるための物理的法則／回転によって気流に圧力差が生じ、それによって回転方向にボールはカーブする。

フェースは、ターゲットラインに対してわずかにオープン（目標より右向き）になっている必要があります。

そして、ここからが重要なのですが、この時のクラブフェースの向きは、クラブ軌道に対してはクローズ（左向き）になっていなければならないのです。クラブフェースの向きは、ターゲットラインに対してはオープン、しかしクラブ軌道に対してはクローズ、と覚えておいてください。

ターゲットラインとは、ボールと最終的なターゲットを結ぶ真っすぐなラインであり、スウィング軌道のラインとは、インパクトに向かうクラブヘッドが描く軌跡のことです。両者の違いを、しっかりと認識することが、ここではとても重要です。もし、インパクトの瞬間に、ターゲットラインに対してクラブフェースがクローズになっていると、ボールは右ではなく、左に飛び出します。ドローの曲がり幅は、どれだけクラブをインサイドアウトに振るか、それに、どれだけクラブフェースをオープンにするかによって決まります。

最終的にターゲットラインに戻ってくるドローを打つための、インパクトでのクラブフェースの向きは、クラブが振られる方向よりも、わずかに右向きの度合いが少ないことが求められます。例えば、インパクトで、クラブが10度の角度でインサイドアウトに振られるとしたら、クラブフェースの向きはおよそ（ターゲットラインに対して）５度右向きになっていなければなりません。大まかなルールとして適切なのは、両者が２：１の比率になっていることです。ドローを打つ場合、クラブ軌道をインサイドアウトにするのは当然として、クラブフェースに関しては、インパクトではターゲットラインに対してオープンだったものが、インパクト後に〝閉じていく〟というイメージを持つのがいいでしょう。決して、最初から〝閉じておく〟のではないのです。

これに対して、ボールがターゲットの左に飛び出してから、ターゲット方向に戻ってくる、フェードの場合は、まったく反対のやり方が当てはまります。クラブの軌道はアウトサイドインで、インパクト時のクラブフェースの向きは、ターゲットラインに対してわずかにクローズ、つまり左向きです。ただし、これもクラブ軌道に対してはオープン、つまり右向きでなければいけません。ターゲットラ

ドローを打つ場合／体の向きはクローズ。クラブヘッドの軌道はインサイドアウトとなり、フェースの向きは目標に対してわずかにオープンとなる。

インに対してはクローズ、クラブ軌道に対してはオープンです。
インパクトで、クラブフェースがターゲットラインに対してオープンになっていると、ボールは目標より大きく右に打ち出され、そこからさらに右にスライスしてしまいます。フェードの曲がり幅は、アウトサイドイン軌道の度合いによります。また、2：1の比率はここでも有効で、クラブを振る方向が10度左向きならば、クラブフェースの向きはターゲットラインより5度、左向きにすることで、ボールはフェードになります。クラブフェースは、最初からオープンなのではなく、インパクトゾーンで〝開いていく〟イメージを思い描くのがいいでしょう。

ここまでの説明で、ボールの曲がりについて、よく理解できたと思います。もしかしたら、何度か読み返す必要があるかもしれませんが、ここでは、ショットを曲げるのに、意識してスウィングを変える必要がないということだけ理解すれば十分でしょう。お話ししたように、すべては、アドレスでのアラインメント調整で事足りるのです。それでは、理論や物理のレッスンから一旦離れて、ただ次の手順にだけ従ってみてください。

インテンショナル（意図的な）ドロー、あるいはフェードを打つ際には、通常のスクェアなアドレスに、いくつか調整を加えます。体（肩、腰、ひざのライン）を正しい方向に向けることに集中し、ドロー、フェード、いずれの場合も、通常のショットと同様、インパクトの正確性を増すために、右足を少し引いて構えます。足の向きは、ショットの結果にはあまり関係がないということを思い出してください。ドローを打つ場合は、体の向きとクラブフェースの向きの両方を、ターゲットより右に向けます。2：1の比率は、ここでも有効です。例として、体がターゲットより10度右向きだとしたら、クラブフェースはターゲットより5度だけ右向き、体の向きに対してはクローズにセットします。フェードの場合は、これと反対です。体の向きがターゲットより10度左向きの時、クラブフェースは5度左向きで、体の向きに対してはオープンとなります。

フェードを打つ場合／ドローとは反対で、体の向きはオープン。クラブヘッドはアウトサイドインに振られ、フェースは目標に対してわずかにクローズ。

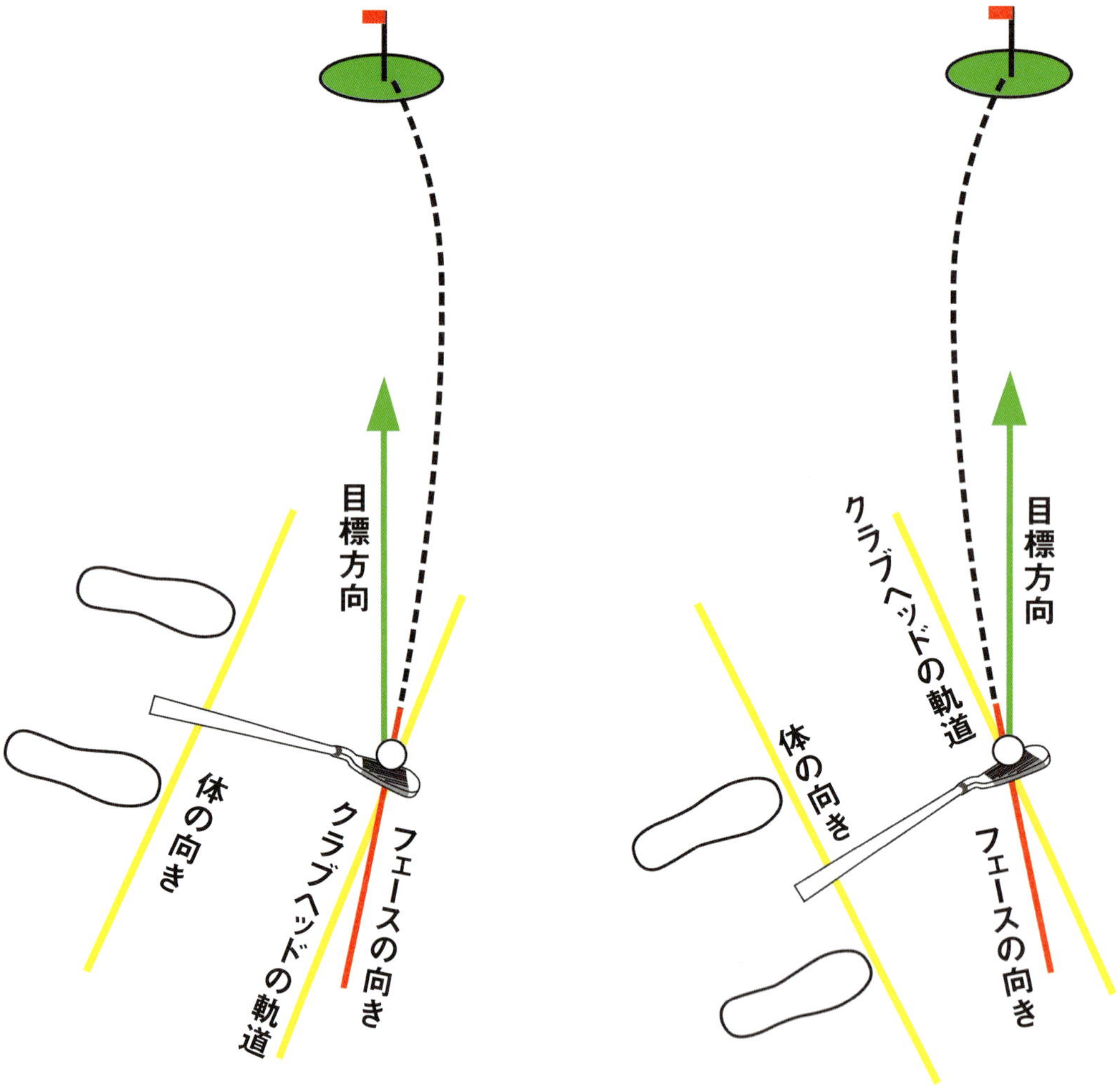

ドローボール

体の向きとクラブフェースの向きを、ターゲットより右に向け、両者の右向きの比率を２：１にする。例えば、クラブを振る方向が10度右向きなら、クラブフェースは５度右向き

フェードボール

フェードでは、体の向きとクラブフェースの向きを、２：１の比率で、ターゲットより左に向ける。例えば、クラブを振る方向が10度左向きなら、クラブフェースは５度左向き

アドレスの調整が整ったら、通常と同じスウィングをしてください。体とクラブフェースの向きのアラインメントにより、ボールは勝手に曲がります。ツアープレーヤーの中には、ドローを打つ際に、ボールをほんの少しだけ中央寄りに、フェードを打つ際に、少しだけ左足寄りに移動する人もいます。これは、試してみてもいいかもしれません。それ以外のことをする必要はありません（ショットの軌道を頭の中で思い描くことはしたほうがよいですよ！）。

練習の際は、「アラインメントスティック」（またはクラブ）を2本使い、1つはターゲットライン、もう1つは調整した体の向きになるように、地面に置きます。スティックが地面にあると、クラブフェースがどこを向いているかもわかりやすくなります。もし可能ならば、この練習では、誰かに手伝ってもらい、後方からクラブフェースと体の向きをチェックしてもらいましょう。ただし、その人には、足の向きは気にしないように伝えておいてください。

練習場で、どのくらい右、あるいは左を狙ったら、どのくらいドローするのか、あるいはフェードするのか、いろいろ試してみることをおすすめします。いくつか付け加えておくとすれば、まず、ショートアイアン（8番アイアンからウェッジまで）の場合、バックスピンの量が多くなる関係上、ボールを左右に曲げるのは難しくなります。ですのでボールを曲げるのは7番アイアンより上の番手で行うのがいいでしょう。

また、インテンショナルなボールのコントロールは、クラブフェースの芯で打つことを前提にしています。トウに当たったり、あるいはヒールに当たった場合は、右から左へ曲がるサイドスピン、左から右に曲がるサイドスピンの量が、著しく、強調されてしまいます。したがって、この項目は、まず打球が安定するようになってから読むようにしてください。

そして、最後のアドバイスとして、このショットをコースで試す場合は、必ず練習してからにしてくださいと言っておきます。スウィングがこの段階まで進んでくると、自分のゲームの信頼性が高まっていることを実感するでしょう。

「Aスウィング」のトラブルシューティング

「Aスウィング」の手法には、繰り返し可能なスウィングを作るだけでなく、スウィングが上手くいかなくなった時、それを修復するための〝ツールボックス〟も備えられています。断言できますが〝その時〟は必ずやってきます。でも、大丈夫なのです。

わかりやすい取扱説明書があるとはいえ、「Aスウィング」の動きには入り組んだ箇所もあり、時々、チューンナップが必要になるでしょう。「Aスウィング」を本当の意味でマスターするために重要となるのは、間違った動きを特定し、それを修正する能力です。全体として「Aスウィング」はシンプルなので、もし問題が生じても、短い時間で正しいスウィングに戻すことが可能です。時々、自分のスウィングをビデオに撮って、本書のスウィングモデルと同じになっているか、確認することをおすすめします。また、それと同じくらい大切なのが、自分が実際にやっていることと、自分が感じていることが、一致しているかどうかチェックすることです!!

私が見てきた中で、「Aスウィング」に取り組むゴルファーが最も直面しやすい、10の問題と、その修正法を以下に記します。これらは主に、自身の古いスウィングの名残です。ゴルフにおいては、古いクセはなかなか消えてはくれないということを、忘れないでください。

問題① バックスウィングの始動で、手と腕でクラブヘッドをターゲットラインの外側に押し出し、持ち上げてしまう。

修正 正しいセットアップを作ったら、体幹（腹部）の筋肉で、バックスウィングを始動すること。これにより、クラブヘッドは低く動き、ターゲットラインより内側で、かつ手の通り道よりは外側に引かれる。これはバックスウィングでクラブをスムーズに、トップまで最短距離で動かし、体の回転とシンクロさせるための重要な要素となる。

チェックポイント 体幹の筋肉で始動し、ヘッドがターゲットラインよりインサイドに、低く引かれていること。

問題② スウィングの始動で、前腕とクラブを回転させて、ターゲットラインより内側に引いてしまう。

修正 バックスウィングで、前腕を必要以上に回転させて、クラブフェースを開いてしまうと、スウィングに様々な問題が生じ、インパクトでクラブフェースをスクエアに戻すのが難しくなる。目指すのは、まったく前腕の回転を使わないバックスウィング。バックスウィングでクラブを上げていく際には、左腕を胸と密着させ、クラブフェースがボールに向いた状態をキープする。終始、右腕が左腕より高い位置になるようにし、ヘッドを手の通り道より外側に保つ。鏡を使ってスウィングをチェックすると、前腕の回転を過度に使っているかどうかがわかる。ハーフウェイバックの位置で、右ひじが左ひじより低いのは間違いで、右ひじのほうが高くなっていなければならない。

チェックポイント 左腕が胸と密着し、クラブフェースがボールを向いていること。右腕が左腕よりも高い位置にあること。

問題③ バックスウィング（手首のコック不足）及びダウンスウィング（アーリーリリース）での、手首の正しくない動き。

修正 手首は、バックスウィングでコックし、それをダウンスウィングで、できるだけ長く保持することで、スウィングに、てこの作用が働く。てこの力を使い、しっかりボールをヒットするためには、左手のグリップを定期的にチェックすることが不可欠。指の部分にグリップが斜めに当てられ、手のひらで握らないようにする（手のひらで握ると手首の動きが制限されてしまう）。また、右手が「プレイヤーグリップ」の形で、左手の上に重ねられていることも確認する。これにより、右手首が甲側に折れる時、左手首がコックされるようになる。バックスウィングで手首をしっかり折ることで、ダウンスウィングで手首のコックがほどけるのが遅くなり、スウィングにタメができる。タメはヘッドスピードを大いに加速させる。

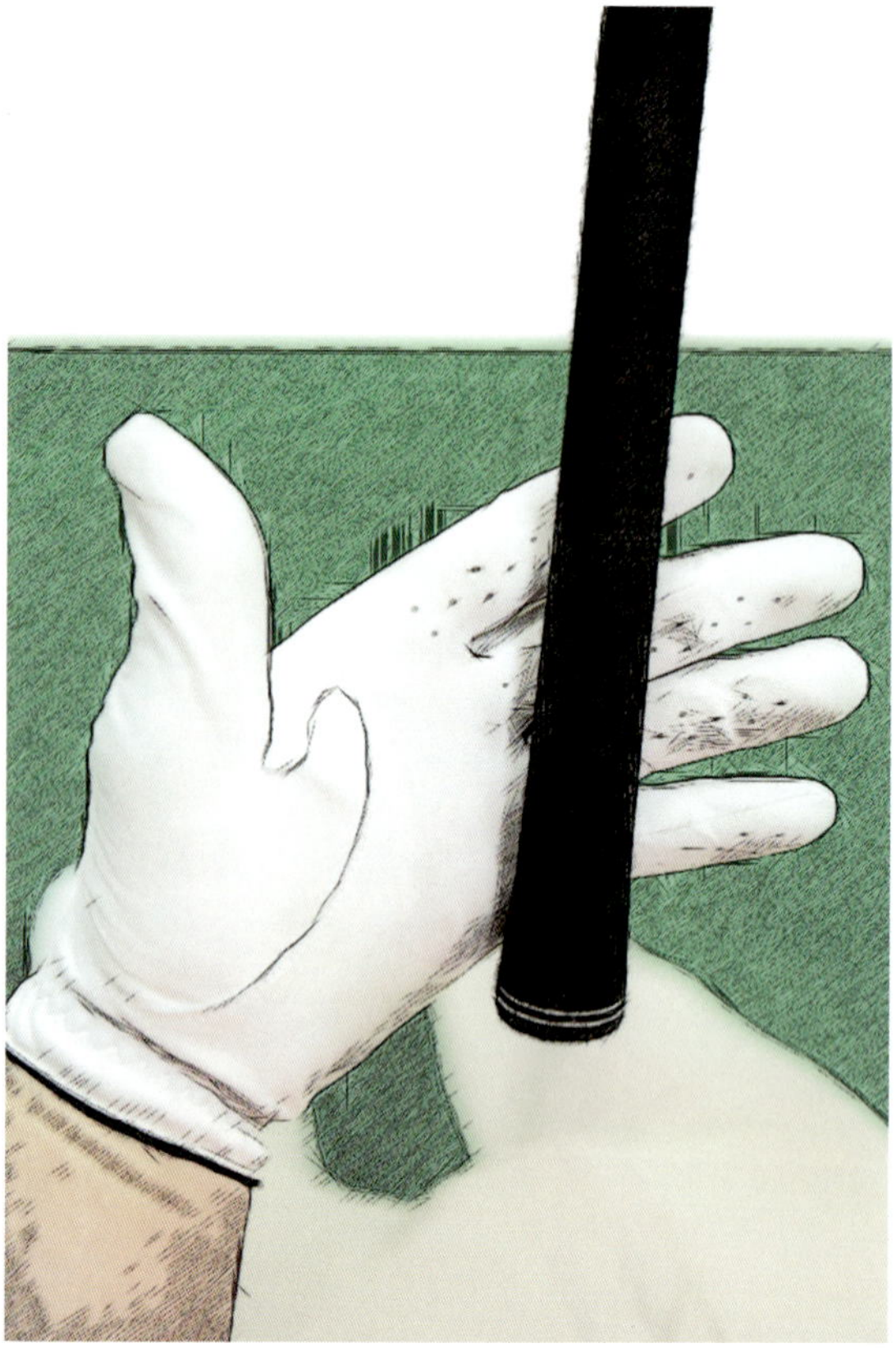

左手の指のほうに、クラブが斜めに当てられているかチェック

チェックポイント クラブが、左手の指と手のひらに斜めに置かれていて、右手が左手の上に重ねられていること。バックスウィングで右手首は甲側に折れ、ダウンスウィングでできるだけ長い時間、その状態をキープすること。

問題④ バックスウィングでのねじれがない。

修正 スウィングのパワーを得るには、バックスウィングで胴体のねじれが必要。目指すのは、しっかりとした下半身の抵抗に対して背中の大きな筋肉が引っ張られている状態。体の回転運動の最初の部分では、左肩を下げ、右肩と右腰を上げながら、体幹で回転することで、ねじれができる。下半身が大きく動くことなく、安定した状態のままで、上半身の回転は完了する。体の柔軟性が高いほど、この動きはやさしい。もし、柔軟性が足りなければ、回転を補うために、左ひざを動かしすぎないように気をつけながら、左足をヒールアップしてもいい。ねじれの感覚が実際のスウィングでも感じられるようになるまで、クラブを持たずに行う体の回転運動のドリルを繰り返す。

しっかりとした下半身の上で
上半身をねじる

チェックポイント トップで、左肩が回転して下がり、上半身がしっかりとした下半身の抵抗に対してねじれている感じがすること。

問題⑤ 動きのシンクロに問題がある。体の回転運動が、腕とクラブがトップに到達する前に終わってしまう、または、腕とクラブがトップに到達しているのに、体の回転運動がまだ終わっていない。

修正 バックスウィングでの動きのシンクロがよくなると、ショットの安定度アップにつながるが、そのためには、体の回転運動が主体となって腕とクラブを動かさなければならない。手首は早い段階でコックされ折れ曲がり、飛球線後方から見て背骨と同じ角度にシャフトが立ち「Vプレーン」を形成する。その際、左腕は上半身にぴったりとくっついている。トップでは、右の上腕が胸に押し付けられる感覚が必要。これにより、スウィングはコンパクトに感じる（腕の動きがコンパクト）。体の回転運動とクラブが同時にトップに到達することに焦点を絞る。「Aスウィング」は、この部分の問題点修正が主眼となっている（このシンクロのズレはスウィングがおかしくなる主な理由）。

チェックポイント バックスウィングの3分の1の地点で、コックが終了していること。シャフトの角度が縦になっていること（『Vプレーン』）。体の回転とクラブの動きが一体となって、同時にトップを迎えること。

問題⑥ 大きすぎて、緩んだバックスウィング。

修正 若いプレーヤーや、柔軟性が高すぎるプレーヤーの場合、バックスウィングが大きくなりすぎることがよくある。大きすぎるバックスウィングは、動きのシンクロを悪くし、ショットが不安定になる原因になる。「Aスウィング」の長所の1つは、そのコンパクトさにあり、体は十分にねじられているが、腕のスウィングは短い、つまりコンパクト。「Aスウィング」のバックスウィングの手順に従って、それでもバックスウィングが大きくなりすぎて、少し緩んでしまうのであれば、それはダウンスウィングを開始するタイミングが遅すぎるということである。下半身は、もっと早いタイミングで、目標方向への動きをスタートさせなければならない。バックスウィングが終わりに近づいたら、下半身を目標方向にスムーズに動かす。この力強い動きによって、腕にはブレーキがかかり、バックスウィングが小さくなる。考えてみるといい＝体が前に回転し始めても、バックスウィングを続けられるか？

チェックポイント 手と腕がバックスウィングを終える直前のタイミングで、下半身が前に動き始めること。

問題⑦ スライスや引っかけが出る（球の打ち出し方向が目標より左）。この2つのミスは、一般的に「オーバーザトップ」と呼ばれるトップから上半身で打ちにいく状態か、アウトサイドインの軌道が原因。

修正 スライス（ボールがターゲットから大きく右に曲がる）と、引っかけ（ボールがターゲットより左に真っすぐ飛ぶ）は、球筋が違っても、同じ原因で起こるミス。どちらも、ダウンスウィングのプレーンが縦になりすぎ、クラブ軌道が、ターゲットラインに対してアウトサイドインになっていることで起こる。スライスになるか、引っかけになるかは、インパクトの瞬間にクラブフェースがどちらを向いているかによる。右打ちのゴルファーの場合、クラブフェースの向きが、アウトサイドインの軌道と一致している場合、引っかけとなるが、クラブフェースがクラブ軌道に対してオープンの場合、あるいは、右向きの場合、スライスとなる。どちらを修正するにしても、「Vプレーン」に集中するのがいい。忘れてはいけないのが、スウィングプレーンは、縦に上げて、シャローに下ろすのだという点。スライサーに典型的なのは、この関係が逆になっていること。ダウンスウィングで、シャフトの角度をシャローにすることが、クラブを正しい軌道に導き、ターゲットラインよりインサイドから下ろすことにつながる。スウィングがトップに近づいたら、ピボットドリルでやったように、目標方向に体重をシフトする。この動きにより、ダウンスウィングの角度がシャロ―になり、クラブが正しいプレーン、正しい軌道に乗る。この時、下半身が動きをリードする。それでも、シャフトをシャロ―に下ろす感覚が上手くつかめない場合には、以下のドリルを行うのが最適。

「スライス抑制ステップドリル」は、スタンスを狭めるところからスタート

スウィングがトップに近づいたら、左足を目標方向に踏み出し、標準的なスタンス位置に戻す。これにより、シャフトの角度をシャロ―に下ろす感覚がわかる

通常よりスタンスを狭くしてアドレスする。左足より右足を後ろに引くという位置関係（クローズドスタンス）は維持しながら、左足をスライドさせて、右足に近づける。その状態でスウィングをスタートし、バックスウィングが終わりそうになったら、スムーズな動きで左足を目標方向にサイドステップし、本来のスタンス位置に戻す。正しく行うと、上半身がまだバックスウィング方向に動いている時に、下半身のリードで目標方向にシフトするという、スウィングで最も大切な動きの感覚をつかむことができる。この力強い動きによって、シャフトの角度は自動的にシャローになり、クラブがインサイドから下りるので、スライスや引っかけは出なくなる。このドリルは、問題6に対しても有効（最初はボールを打たずに行うのがいい）。

チェックポイント バックスウィングではシャフトの角度が縦になって上がるが、ダウンスウィングでは下半身のリードにより、シャフトの角度がシャローになる。「V字」のプレーンを思い描くこと。

問題⑧ フックやブロック（プッシュアウト＝球の打ち出し方向が目標より右）が出る。この2つは、正しいプレーンよりもかなりインサイドからクラブが下りすぎる、あるいは一般的に「スタック」と呼ばれる腕が遅れてしまっている状態になるのが原因。

修正 スライスと引っかけの関係がそうであったように、フックとブロックも密接に関連している。一般的に、この問題で悩むのはある程度上手い人が多く、原因は、クラブがターゲットラインよりインサイドすぎる位置からインパクトに向かうことである。右打ちのゴルファーの場合、クラブフェースの向きが、インパクトで、このインサイドアウトの軌道と一致するとブロックとなり、ボールは目標より右に真っすぐ飛んでいく。クラブフェースがインサイドアウトの軌道に対して左向き、あるいはクローズだった場合、ボールはターゲットよりも左にフックして曲がっていく。上級者の場合、ダウンスウィングで、クラブを正しい軌道で下ろせなかった際にそのミスを補う行動として、極端に手や前腕を返してしまいフックになってしまうことも多い。あるいは、フックになりそうだと感じて、意図してクラブフェースを開いたまま下ろすことで、ブロックになってしまうこともある。スウィングには、手も使う必要があるが、それは正しい手の使い方でなくてはいけない。ここでカギになるのは、右手の果たす役割。右手は、インパクトで左手よりも後ろ（飛球線後方）にあり、インパクト後は左手の下に回り込まなければならない。手と前腕の必要以上の回転を排除することで、インパクトゾーンではクラブがターゲットライン上にキープされ、クラブフェースもよりスクェアに保たれる。どちらも、ショットの正確性をアップさせるのに役立つ。

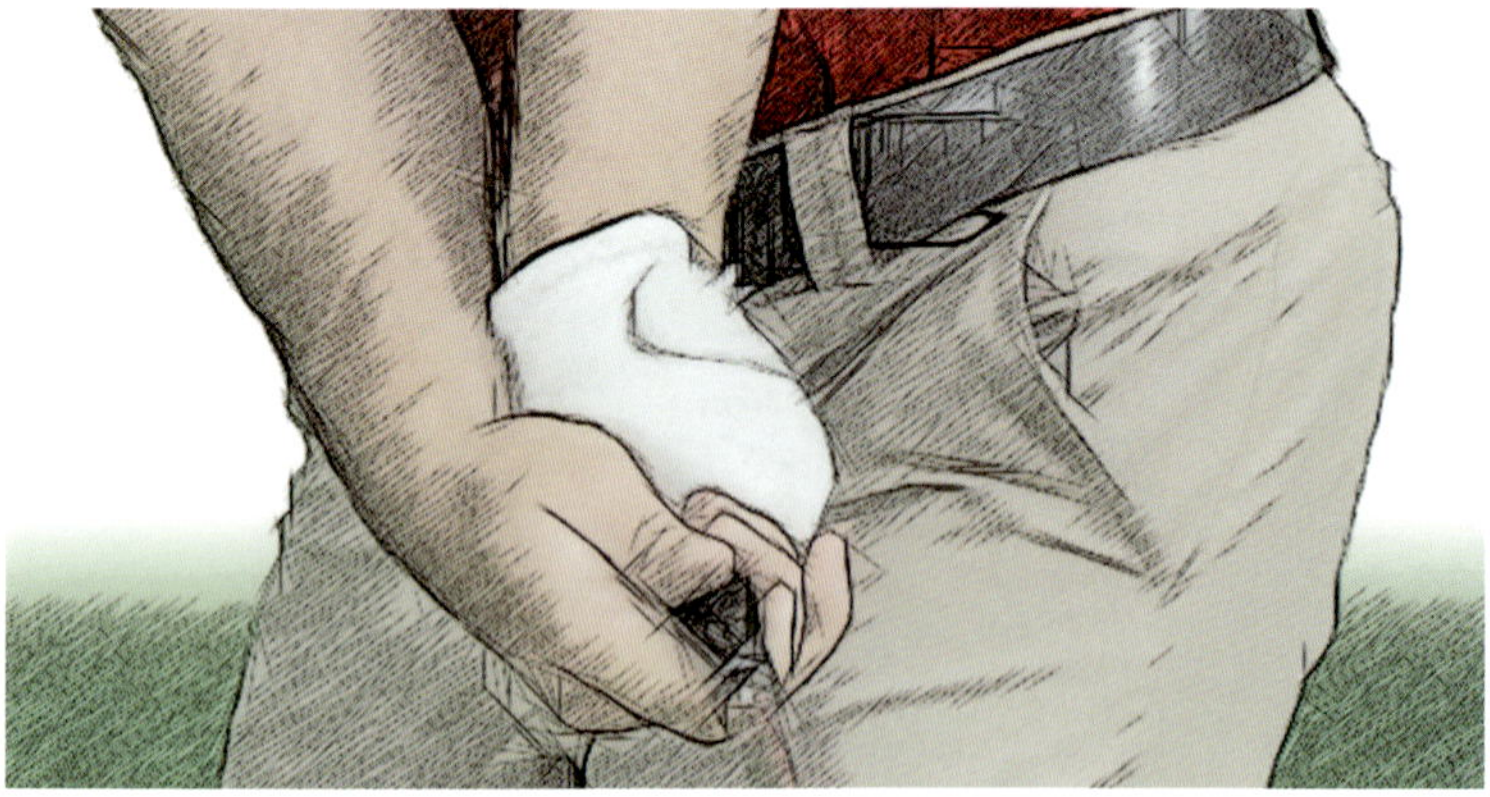

インパクト直後は、
右手は左手の下

チェックポイント インパクトまで、右手が左手より後ろ（飛球線後方、かつ左手より体に近い位置）になっていること。インパクト後は、右手が左手の下になること。

問題⑨ アイアンでダフリやトップが出る。

修正 アイアンでいい球を打つには、ボールをダウンブローにとらえることが不可欠。これにより、バックスピンがかかり、ボールが上がる。インパクトでは、体重の大部分が左サイドにかかり、シャフトがターゲット方向に傾いていなければならない。ディボットがまったく取れないか、ボールの手前にディボットができる場合、インパクトで左に体重を移せていない、あるいは、シャフトが目標とは反対側に、誤った傾きになっている可能性が高い。これは、手を使い、すくい打ちでボールを上げようとした時、あるいは、ボールを上げるのに、ボールの〝下に〟ヘッドを入れなければいけないと勘違いしている場合に起きやすい。練習では、ボールに当たった先でターフを取るという点に重きを置く。この、上からボールをとらえるスウィングの感覚をつかむのには、短いウェッジを使って、わずかに左足下がりのライから打つのがいい。また、アドレスの時点で、左足に少し多めに体重をかけておくと、上から打ちやすくなる。

チェックポイント インパクトでは、左足で体重を支えていること。インパクトの瞬間、胸骨の位置が目標方向に移動して、ボール位置と重なっているのを感じること（専門用語では〝ボールをカバーする〟＝上半身が回転してボールの右ではなく上にきている状態）。また、手はクラブヘッドより前（目標に近い位置）にあること。

問題⑩ テンポが悪い。スウィングが速すぎる、またはゆっくりすぎる。

修正 クラブフェースの芯で、繰り返し安定してボールをとらえるために、重要なカギはテンポ。どのクラブを持っても、フルショットで、アドレスからインパクトまでのスウィング時間が一定というのが、いいテンポの条件となる。それが、持つクラブが変わっても、一定のスウィングをすることにつながる。腕や手の力を使って、スウィングをわざとゆっくりにしたり、速くしたりしてみると、芯を外してしまう確率が高いのがわかる。スウィングのペース（スピード）は、体の回転運動でコントロールしなければならない。体の回転で作り出せるスピードより、速すぎたり、ゆっくりすぎるスピードでクラブを振らないこと。腕とクラブは、体の回転と調和して動くことで、見た目にもスムーズなスウィングになる。体の回転で、スウィングのスピードをコントロールすることで、インパクトの瞬間に、最大のパワーを発揮できるだけでなく、クラブ軌道が安定し、確実にクラブフェースのセンターでボールをとらえることができる。

チェックポイント テンポは体の回転によって作ること。

この「修正リスト」の項目が、不調に陥った際、「Aスウィング」で再びいいショットを打つためのカギとなります。私がおすすめする修正方法は、1つ以上の問題に対処できるケースが多く、中でも気に入っているのが、切り返しでダウンスウィングのシャフトの角度をシャローにするための、サイドステップドリルです。

下半身を目標方向に移動させることで、ダウンスウィングをスタートさせるのは、多くのショットメーカーに共通する〝魔法の動き〟です。左足を目標方向にサイドステップすると、下半身をどう動かすべきか、その感覚がわかります。「Aスウィング」のバックスウィングは、この〝魔法の動き〟が簡単にできるように作られたものです。そのため、ダウンスウィングが、下半身からスタートして、上半身、腕、手、最後にクラブへと、正しい順番で起こります。

サイドステップドリルは、バックスウィングからダウンスウィングへの切り返しの動きの感覚を、体に深く染み込ませるのに役立ちます。最終的には、このドリルでボールを打つことからは卒業して、実際のスウィングの中で、その感覚を生かして打つことができるようになるでしょう。

「Aスウィング」7分間練習プラン

Chapter 7

THE A SWING SEVEN-MINUTE PRACTICE PLAN

私は、「Ａスウィング」が、それぞれのゴルファーが本来持っている、最大のポテンシャルを発揮したプレーを可能にしてくれると信じています。その根拠は、理解も習得も簡単という、「Ａスウィング」のシンプルさにあります。ゴルフにたくさんの時間をかけて取り組むことができる人は、そう多くはありません。そこで私は、時間をかけずに簡単にできて、それでいて結果が出る練習メニューを考えました。「Ａスウィング」の開発、および実証実験の過程でわかったことは、スウィングの改善に必要な動きを筋肉に覚えさせるには、７分で終わるいくつかの練習メニューを、週に２、３回やるだけでいいということです。たった７分間！ それで、今よりいいプレーができるのです。この練習メニューは室内ででき、実際にボールを打つ必要もありません。もちろん、時々は練習場で、ボールを打って感触を確かめるのもいいでしょう。ですが、これから紹介する、簡単で時間のかからない練習メニューによって、「Ａスウィング」に自信が持てるようになれば、今まで無駄にボールを打つことに費やしていた時間を、スコアを縮めるのに本当に必要な、ショートゲームやパッティングの練習に充てることができるのです。

「７分間練習プラン」は、６つの「Ａスウィング」エクササイズで構成されています。続けることで、「Ａスウィング」の感覚が、自然で直感的なものになっていきます。それこそ、よりよいプレーをするのに必要な感覚です。この練習に真面目に取り組めば、スタートホールのティグラウンドに立って、「先週上手くいったと思ったあの感覚は何だったのだろう？」と、自分自身に問いかけるようなことは、金輪際なくなるでしょう。スウィングの核心は、「繰り返し」にあります。同じ動きを何度も何度も繰り返し、スウィングのメカニズムを考えるまでもなく、感覚だけで行えるようになることが大切なのです。「Ａスウィング」習得の最初の段階では、考えながら行う部分が少しだけありますが、「７分間練習プラン」にしたがって、必要な動きを体に覚え込ませることで、すぐに直感的にスウィングできるようになります。もし、確実に今よりいいゴルフができるようになるとしたら、１週間のうち、たった21分間だけ真剣に取り組むことは難しくないはずです。

練習プラン

これから説明する6つのエクササイズは、紹介する順番に、それぞれ10回ずつ行ってください。一つひとつを、十分に時間をかけて行う必要がありますが、最初にやってみて全部のドリルを7分間で終えられないようであれば、慣れるまでは、それぞれの回数を減らしても構いません。これらのエクササイズは、「Aスウィング」の動きを磨くだけでなく、筋力や柔軟性のアップにもつながります。ちょっとした、トレーニングも兼ねているのです！

もし可能ならば、エクササイズは鏡の前で行ってください。また、誰かがそばにいて、正しくできているかどうか、すぐに指摘してもらえるようだと、さらにいいでしょう。鏡の前でやる場合には、時々角度を変えながら、体のポジションが、自分がやろうとしているポジションと同じかどうか、確認してください。また、時々、自分の動きをビデオに撮って、本書のイラストと比較してみてください。これらのエクササイズには、8番アイアンか9番アイアンを使うのをおすすめします。私がデザインした練習用の「ショートクラブ」なら、室内で行うのに最適です。

「7分間練習プラン」スウィングエクササイズ

1・正しいセットアップを作る

このエクササイズは、「スウィングの基礎」の章で説明した手順の復習となる。背筋をぴんと伸ばし、クラブを体の前に持って立つ。ボールはスタンスのほぼ中央、グリップは「プレイヤーグリップ」にする。ひざは真っすぐ伸ばし、腕は脱力して、胸のわきのところで支えられている状態にする。次に、尾てい骨を後ろに突き出しながら、腰（股関節）から上半身を前傾させる。その際、肩甲骨が下がり、胸が張っている状態を保つ。ひざは少しだけ緩める。上半身を傾けたら、左腰を少しだけ（目標方向に）突き出し、腕はリラックスさせたまま、クラブが地面につくところまで下ろす。左右の上腕が、胸の上に軽く乗っている状態で、右腕のほうが左腕よりも少しだけ低くなっていなければならない。そこから、右足を少し引いて、セットアップを完成させる。右つま先は、左足の靴ひものいちばんつま先よりのラインと一直線になる。数秒間、このポジションをキープしたら、最初からやり直す（10回）。

2・体の回転運動（ピボット）を安定させる

このエクササイズでは、第4章で説明した体の回転運動の練習をする。クラブを持たずにアドレスの姿勢を作り、自分自身をハグするような形で、腹のところで腕を組む。スタートからフィニッシュまで、トップで止まることなく、リズムよく体の回転運動を実施する。右足かかとから左足つま先、そして左足かかとという、重心の移動を感じること。ボールを置いて、それを見ながら行うとよい。壁際に立ち、体の回転運動中に壁から尻が離れないようにして行うと、さらに効果が高まる。これを繰り返す（10回）。

クラブを下ろしていく際、上腕部が胸の上に軽く乗っている状態をキープする

手首を完全にコックし、軽くひじを
曲げた姿勢から、上半身をねじって
いくと完璧なトップになる

３・トップの形を整える

アドレスの姿勢をとり、「プレイヤーグリップ」でクラブを握る。上腕が胸のわきのところに乗っている状態は維持しながら、手首をコックしひじを曲げ、クラブを背骨と平行になる位置まで上げる。アドレスでできる、背骨の右方向への傾きに合わせて、シャフトも右に傾ける。ポジションのチェックには鏡を使う。この姿勢から、通常のバックスウィングと同じように、上半身をねじっていく。左腕を胸にくっつけたまま、トップまでしっかりねじる。腕には力を入れずに、胴体をねじる動作に集中する。腕の動きはコンパクトに。トップでは、クラブがターゲットよりわずかに右を向いていて、両手首の甲側の角度が左右対称になっていること。また、左腕は肩のラインより下にあること。これを繰り返す（10回）。

４・バックスウィングの感覚を高め、ダウンスウィングの軌道を整える

クラブを持ってアドレスするが、左右の手の間隔を2～3センチ程度離して握っておく。これにより、手と腕の役割がはっきりする。基準となるように、ボールを置いてアドレスしてもいい。以下の各ポジションを順番に正しい位置であることを確認しながらバックスウィングを行う。①左腕が上半身と接したまま、斜めに胸を横切っていく②左手首が甲側に折れた状態でコックされる。③右手首が曲がり、手のひらが地面を向く。④クラブフェースがボールに向いている。⑤クラブヘッドは手の軌道より外側を通り、ターゲットラインよりは内側に動く。⑥右腕が左腕よりも高くなっている。⑦ハーフウェイバックで、クラブの角度が背骨とほぼ一致し、「Vプレーン」の一方の線と重なる。⑧トップで、右上腕二頭筋が、右胸の筋肉に押し当てられる。⑨腕はコンパクトに動き、胴体は完全にねじられる。⑩トップで、左腕が肩のラインよりも下にある。⑪クラブがターゲットよりわずかに右を向く。この11項目ができていたら、ダウンスウィングに移行する。

トップまでの動きを完了させ、下半身を、目標方向にスムーズに移動させる。これにより、シャフ

トの角度がシャローになりながら下り、「Vプレーン」のもう一方の線と重なる。ハーフウェイダウンの少し手前でスウィングを止めてみると、左腕は胸に接したままで、クラブの角度はオリジナルプレーンライン（アドレスでのシャフトの角度）と平行になっている。これが正しくできているかどうかは、飛球線後方に鏡をセットして確認する。鏡には、アドレスのシャフトの角度（オリジナルプレーンライン）に合わせて、「プレーンテープ」（『Aスウィング』のためのトレーニング器具）などを貼っておく。ダウンスウィングで、クラブがこのチェックポイントまで下りてきたら、鏡に貼ったテープのラインと平行になっているかどうかを確認する（テープと重なるのではない）。体（腰と肩）のラインは、目標の右を向いている。2つ数える間、このポジションをキープし、最初から全部の動きを繰り返す。スムーズでよどみない動きを心がけ、スウィングの形をイメージしながら行う。完全なバックスウィングと、ダウンスウィングのスタートの感覚をつかむ（10回繰り返し）。

「スプリットハンド」にすることで、
「Aスウィング」の感覚がよくわかる

5・左サイドの正しいリリースを練習する

左手だけで、グリップの半分くらいまでクラブを短く握るか、あるいは練習用の短いクラブを使う（片手だと重すぎると感じる場合は、クラブを逆さにしてヘッド側を持つ）。右手は左のわき腹をつかむ感じにする。左手首の甲側の角度を保ったまま、左手、左腕、左肩を使ってクラブを押し上げ、バックスウィングする。と同時に、右手でわき腹を引っ張る。これにより、体幹の筋肉が動きやすくなり、体でスウィングをコントロールできる。グリップエンドが体の近くにあり、ヘッドが手よりも外側にあることを、よく確かめること。ハーフウェイバックの位置までバックスウィングして、「Vプレーン」の通りにシャフトが傾いている（飛球線後方から見て背骨と同じ角度になっている）かどうかチェックする。

左腕1本で、ハーフウェイバックの位置までクラブを上げる。シャフトが縦になっていること、ダウンスウィングで角度がシャロ―になりながら下り、フォローに向かってリリースされることを確認する

バックスウィングからの連続した動きで、下半身からダウンスウィングを始める。この時、シャフトの角度がはっきりとシャローなって、「Vプレーン」のもう一方の線と重なる（つまり、立っていたシャフトがシャローになる）のを感じること。体の回転は止めずに、左前腕を下向きに回転させながら、クラブをインパクトゾーンでムチのように加速させ、フォローに向かってリリースする。インパクト付近で、左腕はずっと体の近くにある。その後、腕が伸びて体を追い越し、フィニッシュに向けてひじが畳まれていく。フィニッシュでの左手首の甲側の角度は、スウィングスタート時の角度と同じになっている。実際は、スウィング中に、左手首が甲側に折れていないのは、インパクトで手首と甲が真っすぐになる一瞬だけ（10回繰り返し）。

このエクササイズを行う際、時々、クラブを逆さにして、ヘッドスピードを速くする練習をする。

6・フィーリングを強化する

ここまでの5つのエクササイズで、スウィングの基礎、体の回転運動、トップ、切り返し、そしてリリースという、「Aスウィング」のすべての要素がカバーされている。これらの要素を、ひとつの完全なスウィングに統合するのが、このドリルである。体、腕、クラブがどう動くか、それらがどうシンクロするか、感じながら練習する、いちばん簡単な方法は、目を閉じてスウィングすることである。目を閉じると感覚が研ぎ澄まされ、スウィングの流れ、リズム、バランスがよくわかる。

アドレスの姿勢をとり、「プレイヤーグリップ」で、クラブを軽く握る。スウィングをスタートさせ、左腕が体に接していること、ヘッドが手よりも外側にあること、腕がコンパクトで、体が一定の速度でスムーズに回転し、最後までねじれることなどを感じながらバックスウィングする。腕とクラブが一体となりながらバックスウィングを終える時、下半身が目標方向にスムーズに動き出すのを感じる。この時、重心が右足かかとから左足つま先に移動するのも感じること。

インパクトでは、重心が左足かかとに移り、体の回転が、腕とクラブのリリースとシンクロする感覚をつかむ。インパクトゾーンでは、クラブの動きが何にも制限されずに、ムチのように振られる。この時、右ひじと右腰、左ひじと左腰は、それぞれ一体となって動く。

フィニッシュまでスウィングし、右足のつま先でバランスよく立ったら、その状態で1、2秒静止する。このエクササイズでは、全部の動きがよどみなくつながることを意識する。また、最初はバランスを崩すこともあるが、楽にできるようになるまで、やり続けること。

目を閉じて行うこのエクササイズは、全体的なスウィングの感覚をつかむのに最適。練習場で実際にボールを打つ合間に行ってもいいし、コースにいる時でさえ、次のショットを待つまでの間に行うことができる。スウィングがバラバラだと感じる時、動きが上手くシンクロしない時、いいリズムがなくなってしまった時などには、特に有効なエクササイズとなる。

最初は、5割くらいのスピードから始めて、最終的にはフルスピードのスウィングで行うのがいい。このエクササイズを時々やることで、「Aスウィング」のすべての要素がひとつにまとまり、筋肉に動きが記憶され、直感的にスウィングできるようになる。スウィングに関する思考を、潜在意識下で行うようになるため、心が比較的穏やかに保たれ、頭で考えすぎることがなくなる。これは、いいプレーにつながる、最適な精神状態である（10回繰り返し）。

目を閉じて「Aスウィング」を練習すると、すべての正しいポジションを感じられるだけでなく、リズムやバランスも向上する

「Aスウィング」のためのフィットネスガイド

ここでは、「7分間練習プラン」に加えて、筋力や、体の安定性、可動性をアップさせる、簡単で機能的なフィットネスプログラムについても説明しておきます。

フロリダ州オーランドのチャンピオンズゲートにある、レッドベターゴルフアカデミーの本拠地で、「レッドベターダイナミックパフォーマンスプログラム」を統括する、トレバー・アンダーソンが、この短時間でできる簡単なフィットネスガイドを監修しています。

このガイドは、「Aスウィング」の動きがしやすくなるように考えられたものです。特に、思ったような飛距離が出ないとか、柔軟性が不足している、あるいは、ゴルフのプレー後にうずきや痛みがあるという場合に、効果があります。体が硬くて、動きに制約があるゴルファーにも、大いに役立つでしょう。

また、このエクササイズは、筋肉を温めて、いつでもスウィングができる状態にするための、準備運動にもなります。筋肉が温まっていない状態で、プレーし始めないことはとても重要です。「7分間練習プラン」と同じように、このプログラムは自宅でも、練習場やコースのウォームアップ前にもできます。スタート間際の1番ティの上ですら、いくつかならやれるでしょう。エクササイズの所定の動作の繰り返しには、ほんの数分しかかかりませんが、時間がなければ、全部のエクササイズをやる必要もありません。

トレバーによると、動きに慣れるまでは、ひとつひとつのエクササイズの回数を少なめにして始めるのがいいようです。正しいフォームで行うことを意識してください。ルーティンとして定着してくると、それぞれの回数も、セット数も増やすことができます。定期的なエクササイズは、不調の原因を取り除き、健康を実感する効果があります。

ヘール・アーウィンやゲーリー・プレーヤー、サム・スニードがそうであるように、歳をとっても動ける体を維持すれば、年相応の質の高いゴルフをずっと続けることができます。最初は絶対に無理をせず、ゆっくり始めてください。目指すのは、長い時間をかけて少しずつ、筋力、柔軟性、バランス力をアップし続けることです。

エクササイズ1 クラブを持って行うカウンターバランススクワット

手順

- 足を肩幅に開いて、バランスよく立つ。クラブの両端を持って、シャフトがももの位置にある状態からスタート。
- かかとを地面から浮かさずに、背中を真っすぐにしたまま、尻がひざの高さより少し沈むくらいまでしゃがむ。あるいは、無理せずできるところまでしゃがむ。長く続けるうちに、低くしゃがめるようになる。しゃがむのと同時に、両腕を伸ばして、クラブを胸の前に出す。
- 3つ数える間静止して、元の姿勢に戻る（最初のうち、姿勢の維持が難しい場合は、壁にお尻をもたれさせてもいい）。
- これを10回繰り返す。

効果

このエクササイズは、下半身の筋肉（ハムストリング、でん筋、股関節屈筋、大腿四頭筋）を強化、活性化する。クラブを、アスレチックなスウィングで力強く振るには、下半身の安定が不可欠。これらの箇所に関しては、筋力アップのスピードが速く、驚くだろう。

エクササイズ2 グッドモーニングバウ（おはようの礼）

手順

- 足を肩幅に開き、バランスよく立つ。クラブを首の後ろに回し、両肩に担ぐ。クラブを担ぐ姿勢が難しい場合は、胸の前で腕を組んでもいい。
- ひざを少し曲げながら、股関節を使って（腹部を折り曲げるのではなく）上体を前傾させる。背中は真っすぐに伸ばす。
- 背中をできる限り真っすぐにしたまま、ハムストリング（ももの裏側の筋肉）が十分に伸びる感じがするまで、胸を地面に近づける。その状態で3秒静止し、最初の姿勢に戻る。
- これを10回繰り返す。

効果

このエクササイズは、ハムストリングをストレッチすることで動かしやすくし、腰への負担を軽減しながら、理想的な軸回転をうながす。

エクササイズ3
ローワーボディアクティベーション(下半身の活性化)

手順

- ゴルフのスタンスで立ち、腰はスクェアにする。両腕を伸ばし、体の前でクラブを杖にした状態で、上から押さえる。
- ゴルフのスタンスを維持したまま、上半身は動かさず、腰を滑らかに動かして、左右に回せるだけ回す(ねじる)。体幹の筋肉の動きを感じること。また、右腰は後ろに引かれながら回り、次に左腰がスライドして、その後、左に回るという順番を意識すること。
- 左右に15回ずつ回す。

効果

このエクササイズは、上半身を安定させつつ、下半身の単独での(上半身と切り離した)可動性を高めるのに最適。腰周辺の筋肉を緩め、ダウンスウィングでの下半身リードのトレーニングになるので、「Aスウィング」の切り返しの動きがスムーズになる。

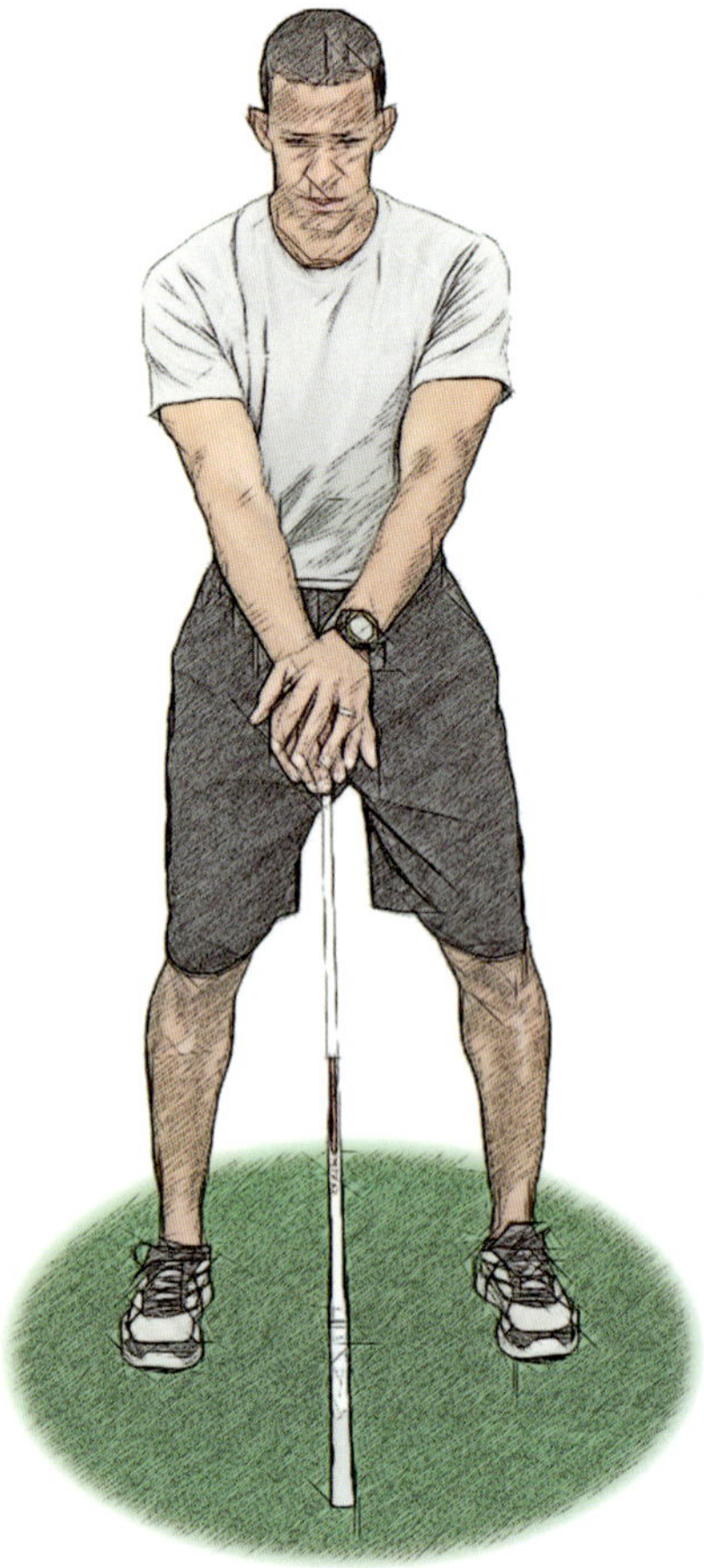

エクササイズ4
アッパーボディアクティベーション(上半身の活性化)

手順

- アドレスの姿勢でスタートするが、片方の足を引き、もう一方の足だけで立つ。腕は胸の前で組む。
- 姿勢を崩さずに、前になっている足の方向に、体をできるだけ回す。姿勢が変わったり、バランスが崩れたりしないように。右足が前だとバックスウィングの回転、左足が前だとダウンスウィングの回転の練習になる。
- 片足で10回繰り返したら、足を替えて10回繰り返す。

効果

このエクササイズは、下半身の安定とバランスを強化しつつ、前傾した状態での上半身の柔軟性と、回転の可動性を高めるのに最適。前傾角度を保ちながら、バックスウィングでの体のねじりと、ダウンスウィングでのねじり戻しを、それぞれ最大限にする効果がある。

エクササイズ5
アームクロスオーバー（腕の交差）

手順

- 足を肩幅に開き、バランスよく立つ。右手のひらが上向き、左手のひらが下向きになるようにして、クラブの両端を持ち、両腕を伸ばして、クラブを胸の前に出す。
- 腕を伸ばしたまま、右腕が上になるように両腕を交差させ、そのまま胴体を左に回す（ねじる）。
- 3秒間静止し、元の姿勢に戻る。
- 5回繰り返したら、手の持ち方を逆にして、反対側でも5回繰り返す。

効果

このエクササイズは、肩の筋肉に作用し、緩めて動きやすくする。また、胴体の回転の可動性を高める。

エクササイズ6
オーバーヘッドサイドベンド（クラブを頭上に差し上げての横屈伸）

手順

●足を肩幅に広げ、バランスよく立ち、クラブを両手で頭の上にできるだけ高く持ち上げた状態からスタート。

●腕はできるだけ伸ばしたままにしながら、股関節から（腰からではなく）胴体を右に傾ける。下半身はなるべく動かないようにする。

●バランスを崩さずに、傾けられるだけ傾けたら、3つ数える間静止して、元の姿勢に戻る。
●片側5回ずつ繰り返す。

効果

このストレッチは、上半身を動きやすくし、特に腹斜筋と側筋に働きかけ、正しい体の回転運動ができるように準備する効果がある。

お気づきだと思いますが、ここで紹介した機能的エクササイズのプログラムは、「コア」と呼ばれる、体幹の主な筋肉群に働きかけるものです。ゴルフでいいショットを放つには、体幹の力強さが鍵だと、トレバーは言っています。筋力をアップしたり、関節の可動域を広げたり、柔軟性を高めたりといったことは、「Aスウィング」にとっての必修科目ではありません。ですが、エクササイズをしてみると、「Aスウィング」がより簡単にできるようになるのがわかるはずです。特に、ドライバーの飛距離不足に悩んでいる人には、効果てきめんでしょう。

エクササイズにより、体の可動域や筋力、スピードは、驚くほどアップします。これらは、ゴルフにはとても重要で、年齢を重ねるほどその重要度は増していきます。エクササイズというと、毛嫌いする人もいるかもしれませんが、週に2、3回、1セットか2セットのこれらのエクササイズをやるだけでも、ゴルフにはいい効果が出ます。ですから、ゴルフのためだと思って、体を鍛えてみてはいかがでしょうか。

FINAL THOUGHT

終わりに

皆さんが、この本を、楽しみながら読み、そして、「Aスウィング」をやってみようと思っていただけたなら幸いです。本書には、理解すべき内容が、たくさん詰め込まれています。ですから、実際にやるのは少しずつ、スウィングの基礎から、体の回転運動、腕とクラブの動き——と学んでいくことを、強くおすすめします。レッスン部分をよく読み、時々イラストを見返しながら、週に数回、「7分間練習プラン」をやれば、かなり早く「Aスウィング」を習得できると思います。私は、ちょうど、この本の読者のあなたのようなゴルファーに、「Aスウィング」がぴったりの効果を発揮するところも気に入っています。これまで、「Aスウィング」にスイッチした私の生徒たちの結果は、目覚ましいのひと言に尽きます。

いくつかの項目で、「Aスウィング」用のトレーニング器具を使う場面があります。これらを使うと、習得はよりやさしくなるでしょう。興味がある方は、www.leadbetteraswing.com をご覧下さい。「Aスウィング」に関する最新ニュースや、さらなるアドバイスも掲載されています。また、世界中にある、「レッドベターゴルフアカデミー」のインストラクターたちが、「Aスウィング」を教えていて、上達のアシストをしてくれます。ぜひ、お近くのアカデミーにお越しになり、レッスンを予約してみて下さい（日本のアカデミーの情報は、www.leadbetterjapan.com にて詳細をご確認下さい）。

最後に、アドバイスとして、「Aスウィング」をやってみようとする時は、「Aスウィング」だけに集中して、我慢強く練習を続けてください。おそらく、否定派の人は「Aスウィング」を批判するでしょう。そして、「Aスウィング」の練習は時間の無駄だと言うかもしれません。しかし、練習をあきらめる前に、自問してほしいのです。「現状のスウィングでは、ショットが安定していないのではないか?」、「いくら直しても、昔の悪いクセにいつも逆戻りしているのではないか?」、「ゴルファーとして、もっと上手くなる資質が、自分にはあるのではないか?」と。もし、どれかひとつでも、答えが「イエス」ならば、「Aスウィング」に挑戦することで、何かを失うことはありません。あなたのゴルフに、新たな生命を吹き込むチャンスです。「Aスウィング」は、これまでとは違うスウィングのやり方ですが、実はそれほど大きく違っているわけではありません。もし、違いに気づく人がいても、バックスウィングの形の違いを批判するより先に、ボールを打つ様子に感心するはずです。「Aスウィング」は、よりシンプルで、より効果的なものですが、もっと大切なことは、論理的なスウィング方法であるということです。ゴルフスウィングを学ぶ、これまでの一般的なやり方は、変える必要があるのです。

私が目指すのは常に、ゴルファーがこの素晴らしいゲームを楽しんで、よりよいプレーをする、その手助けをすることです。私は常にその事について考えています。私は、ゴルフを教えるために生まれてきたと思っているのです。だからこそ、過去30年に渡って自分が教えてきたことを否定することなく、それでいて、これまでとは違ったクラブの振り方(an alternative way)が必要だと感じたのです。私は、ずっと問題を抱えているゴルファーや、現在のレベルに関わらず、最大の能力を発揮できていないゴルファーの助けになりたいと思っていました。「Aスウィング」は、そうした、不満を抱えるゴルファーをたくさん見てきた結果、生まれたものです。また、トッププレーヤーと一緒に取り組む中で私が得た、何が効率的で、何がそうでないかということに関する、彼らからのフィードバック、様々なゴルファーを対象とした実験と検証、科学の応用、そして、長く教えられてきたパラダイムを変えるほどの、よりシンプルなスウィングの選択肢を提示したいという強い欲求から、「Aスウィング」は生み出されました。

「Aスウィング」を生み出す過程や、この本を書き上げる作業は、私にとってとても楽しいものでした。皆さんにも、楽しんで「Aスウィング」に挑戦してほしいと思っています。「Aスウィング」で失うものは何ひとつなく、むしろ得られるものばかりです。キャロウェイゴルフの創始者である、故エリー・キャロウェイ氏は、なぜゴルファーは新しいクラブを買い続けるのかという問いに対して、「ゴルファーというのは、誰もが今よりいいプレーがしたいという望みを持っているからだ」という有名なセリフを残しています。「Aスウィング」が、皆さんにとって、大いなる望みとなりますように。

さあ、よいゴルフを楽しんでください！

謝辞

「Aスウィング」（米国版）の完成と本の出版に当たっては、沢山の人たちに助けていただきました。左記の方々に心より感謝申し上げます。

――デビッド・レッドベター

緻密で正確な仕事をしてくれた共著者、ロン・カスプリスキ。

「Aスウィング」のスウィングモデルとなった、ライアン・ブラウム。彼は「Aスウィング」を実践し、その有効性を証明してくれました。彼のゴルフは今後、さらに素晴らしいものになるでしょう。

カメラマン、ピート・シモンソン。

イラストレーター、スコット・アディソン。

この本の制作を手伝い、多くの時間を費やしてくれたアシスタント、ジェシカ・マザー。

長年の友人であり、素晴らしいバイオメカニスト、J・J・リベット。

多大な貢献をしてくれたフィットネス・ディレクター、トレバー・アンダーソン。

貴重な助言をしてくれた良き友、デニス・ワトソン。

ゴルフ理論を形作る手伝いをしてくれた、あらゆるレベルの生徒たち。

「Aスウィング」のテストに心を開いて協力し、数々のフィードバックをもたらしてくれた、生徒たち。

セントマーチンズ・プレスの編集者、マーク・レスニック。

※レッスンの情報や本文中に登場した「Aスウィング」の練習器具については、左記をご覧ください。
「Aスウィング」web サイト：www.leadbetteraswing.com ／ e-mail：info@leadbetteraswing.com
「レッドベターゴルフアカデミー・ワールドヘッドクォーター」web サイト：www.davidleadbetter.com ／ e-mail：info.davidleadbetter.com
「レッドベターゴルフアカデミー日本校」web サイト：http://leadbetterjapan.com/ ／ e-mail：info.leadbetterjapan.com

このイラストは「Aスウィング」のモデルとなるスウィングです。この形を目指して練習するだけで、あなたのスウィングは改善します。完璧にできなくても効果があるのが「Aスウィング」の特長なのです。

FULL SEQUENCE
OF THE A SWING

目指すのは、このスウィング

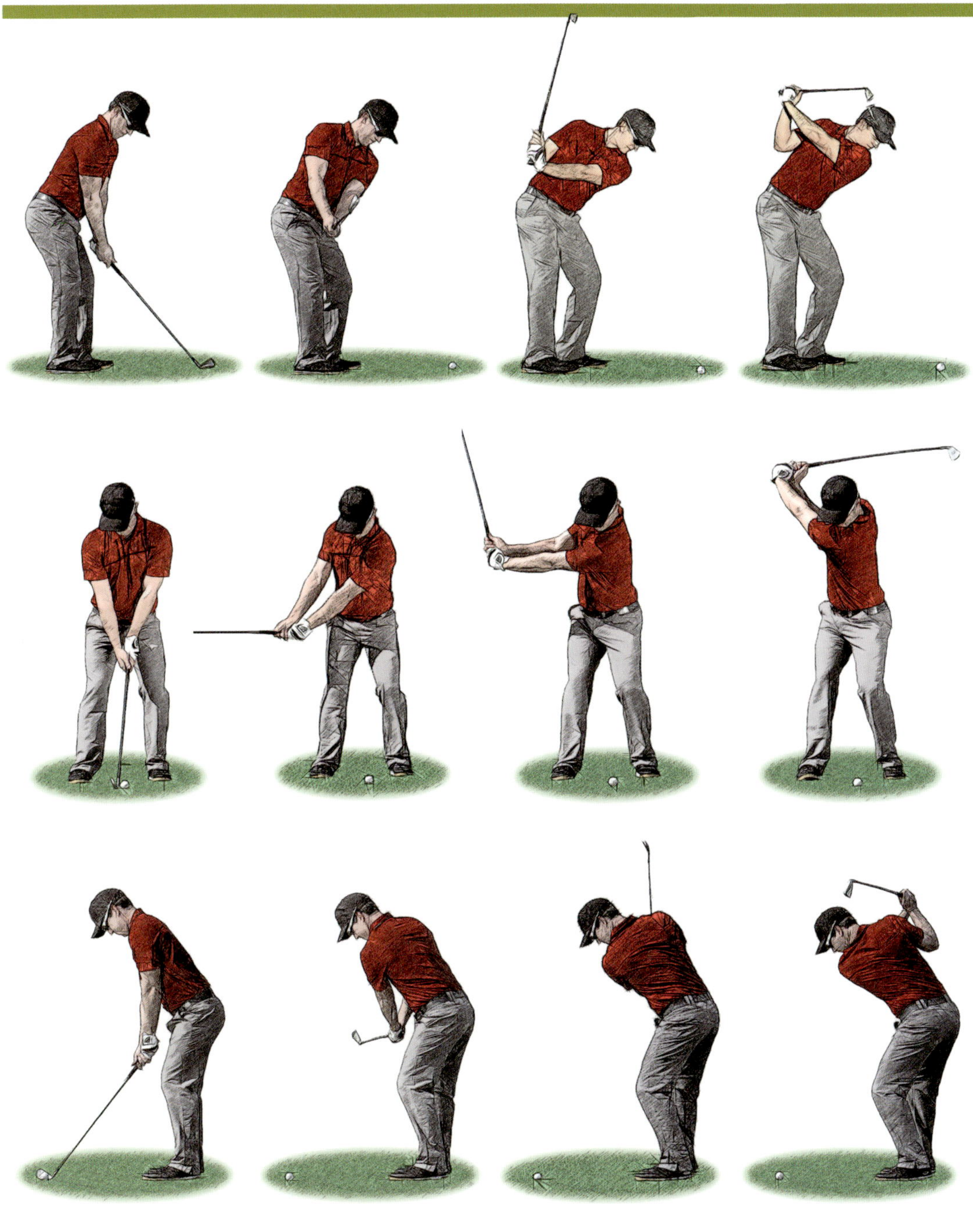

デビッド・レッドベター ● David Leadbetter

イギリスのウエスト・サセックス州ワージング出身。ヨーロピアンツアー、南アフリカツアーに参戦するが、ほどなく、プレーをすることよりも、スウィング技術やメカニズムに興味があることに気づき、インストラクションに専念するようになる。1980年代中頃、二人三脚で歩んでいたニック・ファルドが5つのメジャータイトルを獲得、世界にその名を轟かせた。以来、数多くのプロゴルファーを指導。教え子たちは、世界中で100以上のトーナメントに優勝、メジャーだけで21勝を挙げている。世界の優秀なインストラクターの数多くが、レッドベターゴルフアカデミーの出身であることも、その指導力の高さを証明している。「ボディターン」で一世を風靡した著書「ザ・アスレチックスウィング」から25年、「The A Swing」を2015年5月にアメリカで発売、再び、ゴルフスウィングに革命を起こした。

デビッド・レッドベター「Aスウィング」
David Leadbetter "The A Swing"

2016年11月25日　初版発行

著　　者　デビッド・レッドベター
　　　　　ロン・カスプリスキ
翻訳・監修　レッドベターゴルフアカデミー日本校
　　　　　石田昭啓、黒川晃
デザイン　三浦哲人／スタジオパトリ

発 行 者　木村玄一
発 行 所　ゴルフダイジェスト社
〒105-8670　東京都港区新橋6-18-5
TEL 03・3432・4411（代表）　03・3431・3060（販売）
email：gbook@golf-digest.co.jp
URL：http://www.golf-digest.co.jp/digest
書籍販売サイト「ゴルフポケット」で検索
印刷・製本　大日本印刷株式会社

定価はカバーに表記してあります。乱丁・落丁の本がございましたら、
小社販売部までお送りください。送料小社負担でお取り替えいたします。

2016 David Leadbetter Printed in Japan

ISBN 978-4-7728-4171-9 C2075